Kursbuch 208
Koalitionen

Klimaneutral
Druckprodukt
ClimatePartner.com/12752-1803-1001

Zum Ausgleich für die entstandene CO_2-Emission bei der Produktion dieses Buches unterstützen wir den Betrieb eines Wasserkraftwerks im Virunga-Nationalpark im östlichen Kongo. Das Projekt trägt zum Klimaschutz bei, indem auf die Abholzung des tropischen Bergregenwaldes zur Holzkohlegewinnung verzichtet wird und der Lebensraum der letzten Berggorillas in freier Wildbahn erhalten bleibt. Der gewonnene Strom wird in das lokale Stromnetz eingespeist und dient als Alternative zur Holzkohle.

Das Kursbuch erscheint viermal im Jahr.
Das Heft kostet einzeln € 16,–
Das Jahresabo (4 Ausgaben) kostet € 52,–
Im Internet: https://kursbuch.online

Kursbuch Kulturstiftung gGmbH
Miramar-Haus, Schopenstehl 15, 20095 Hamburg
Tel.: 040/39 80 83-0
V.i.S.d.P.: Peter Felixberger
Verleger: Sven Murmann

ISBN 978-3-96196-235-8
ISSN 0023-5652

Grafik: © Adobe Stock
Druck: Steinmeier GmbH & Co. KG, Deiningen
Printed in Germany

Zuschriften bitte per Mail an: kursbuch@kursbuch.online
Abonnenten-Service: abonnements@kursbuch.online
Pressevertrieb: PressUp GmbH, Wandsbeker Allee 1, 22041 Hamburg. www.pressup.de

Armin Nassehi

Editorial

Koalitionen sind Zusammenschlüsse unter ungleichen Partnern auf Zeit. Natürlich ist es kein Zufall, dass wir ausgerechnet jetzt, ein *Kursbuch* über Koalitionen machen. Die Koalitionsverhandlungen der Ampelparteien wurden gerade zum Redaktionsschluss dieses *Kursbuchs* aufgenommen – und der Zeitplan sieht vor, dass sie zum Erscheinen dieser Ausgabe abgeschlossen sein sollen. Um allen Kolportagen zuvorzukommen: Es handelt sich nur um eine zufällige Koinzidenz, keineswegs haben sich die künftigen Koalitionäre am Produktionszyklus des *Kursbuchs* orientiert – eher umgekehrt. Nachdem *Kursbuch 207* sich dem falschen Wählen widmete, sind nun Koalitionen auf der Tagesordnung. Gemäß *Kursbuch*-Programmatik geht es dabei um Koalitionen ganz unterschiedlicher Natur, nicht nur um Koalitionen zwischen Regierungsparteien beziehungsweise Parlamentsfraktionen. Allerdings rekonstruiert einer der Beiträge, nämlich der von Jasmin Siri, die Geschichte der Regierungskoalitionen in der Bundesrepublik auf Bundesebene – und zeigt sehr schön, wie hier stets ein gewisses Grenzregime gelingen muss: Wie weit komme ich dem anderen entgegen, damit er zugleich seine Eigenart behalten kann, mir aber nicht zu sehr in die Quere kommt? Jan Schwochow illustriert dies als Farbenspiel, das sich in grafischen Alternativen durchaus unterschiedlich darstellen lässt.

Unser Gespräch mit Georg von Wallwitz beschäftigt sich mit Koalitionen im Wirtschaftsleben, die man zwar nicht so nennt, die aber durchaus welche sind. Wolfgang Schmidbauer weist darauf hin, dass risikobereitere, auf Freiheit der Beteiligten setzende Beziehungen oft fragiler sind als lieblose. Mathias Grote widmet sich der bisweilen merkwürdigen politischen Epistemologie des Blicks auf die Natur – koalierende Kooperation statt Konkurrenz als Naturprinzip, und Alfred

Hackensberger rekonstruiert eher pragmatische weltpolitische Koalitionen zwischen Feinden, wenn es denn nur der Machtbewirtschaftung dient, vor allem am Beispiel von Verhandlungen mit den Taliban. Mein eigener Beitrag versucht sich an einem kategorischen Imperativ für gelingende Koalitionen.

Für die Intermezzi haben wir neun Autorinnen und Autoren die Frage gestellt, wann sie einmal eine ungewöhnliche Koalition eingegangen sind, und Heike Littgers »Lagerfeuer« führt diesmal zu einem Aromaforscher, in die Queer-Forschung und in die Evolutionsbiologie.

Mit diesem *Kursbuch* beginnt eine neue Kolumne, nämlich das »Islandtief« von Berit Glanz. Die Schriftstellerin, Publizistin und Literaturwissenschaftlerin, die in Reykjavik lebt, schreibt aus und in, bisweilen auch über Island. Ihre erste Kolumne kommt, wie könnte es in Island anders sein, aus der Blauen Lagune.

Und hier noch eine freudige Nachricht in eigener Sache: Seit Oktober 2021 wird das Team der Herausgeber durch eine Herausgeberin verstärkt. Wir freuen uns sehr, Sibylle Anderl an Bord zu haben. Sibylle ist Astrophysikerin und Philosophin, sie ist Wissenschaftsredakteurin der *Frankfurter Allgemeinen Zeitung*, in der sie uns, wie ich finde, mit großer Souveränität durch die Coronakrise geführt hat. Sie wird die naturwissenschaftliche Perspektive, die im *Kursbuch* ja schon gelegentlich zum Zuge kam, mit ihrer Kompetenz verstärken. Sie hat sich selbst schon im Montagsblock /143 vorgestellt – der übrigens ab sofort wöchentlich im Wechsel der drei Herausgeber erscheint. Auch im Namen von Peter Felixberger: *Herzlich willkommen, Sibylle!*

Jan Schwochow

EINE QUELLE, ZWEI GRAFIKEN

Visualisierungstool versus Handmade

Der Vorteil von gleich formatierten Daten ist, dass sie schnell und automatisiert in Grafiken umgewandelt werden können. Inzwischen gibt es zahlreiche Tools auf dem Markt, die die unterschiedlichsten Visualisierungen quasi auf Knopfdruck ermöglichen. Was aber nicht immer ein Vorteil ist, gerade wenn man mehr aus den Daten herausholen will, womöglich eine Erkenntnis gewinnen oder eine Geschichte erzählen möchte.
Im vorliegenden Beispiel habe ich die Zweitstimmenverteilung aller Bundestagswahlen genommen und jedes Wahlergebnis – wie bei Wahlgrafiken üblich – als halbe Torte dargestellt. Da die Daten aus einer Tabelle kommen, sind die Parteien hier nach einer vorbestimmten Reihenfolge aufgelistet. Die CDU immer vor SPD und FDP. Der Nachteil dieser Darstellungsform wird schnell ersichtlich, denn auf die Schnelle sehen alle Halbkreisdiagramme gleich aus. Unterschiede auszumachen ist eher anstrengend.
Mit den gleichen Daten habe ich auch die untere Grafik gestaltet. Sie ist wesentlich aufwendiger und nicht automatisiert erstellt. Hier steckt viel Handarbeit drin, zumal die Regierungszeiten auch unterschiedliche Abstände haben. Neu in der Grafik ist die Aufteilung der Zweitstimmen nach Koalition und Opposition. So erkennen wir schnell die Regierungszeiten der GroKo von CDU und SPD. Wir sehen, welche Regierungsparteien unter der 50-Prozent-Marke lagen und eine Minderheitsregierung geführt haben. Wir sehen, wie die Grünen in den 1980er-Jahren aufkamen und nach der Wende die PDS beziehungsweise die Linke hinzukam. Hinzu kommen außerdem die Namen der Kanzler oder der Kanzlerin.
Die Grafik spricht für sich, und der Leser kann viel mehr erkennen. Die Zeitleiste bietet überdies die Möglichkeit der Reflexion über das eigene Leben. Bei beiden Grafiken erkennen wir recht schnell, dass seit 2005 die Zeit der großen Volksparteien vorbei ist, während es in den 1960er- und 1970er-Jahren im Prinzip nur drei große Parteien gab. Unsere Parteienlandschaft ist kleinteiliger und bunter geworden. Die nächste Koalition wird aus drei Parteien bestehen – mit Olaf Scholz als Kanzler.

Bundestagswahlen im Vergleich

Die Grafik zeigt die Verteilungen der Zweitstimmen aller Bundestagswahlen seit Gründung der Bundesrepublik Deutschland.

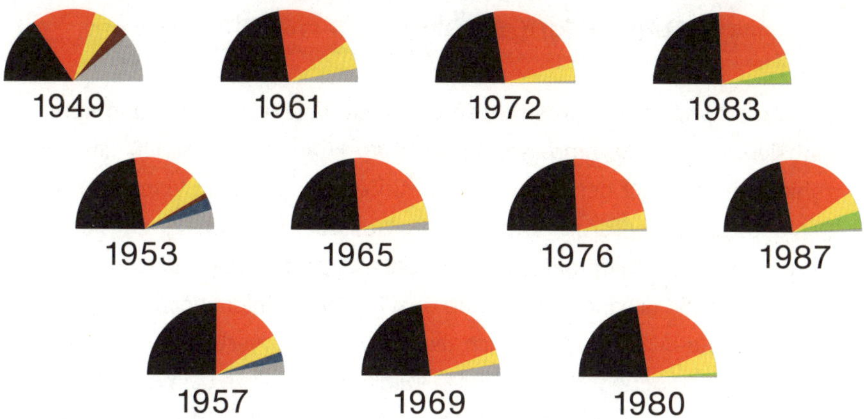

Koalition und Opposition

Die Grafik zeigt die Verteilungen der Zweitstimmen aller Bundestagswahlen seit Gründung der Bundesrepublik Deutschland und wer regiert hat.

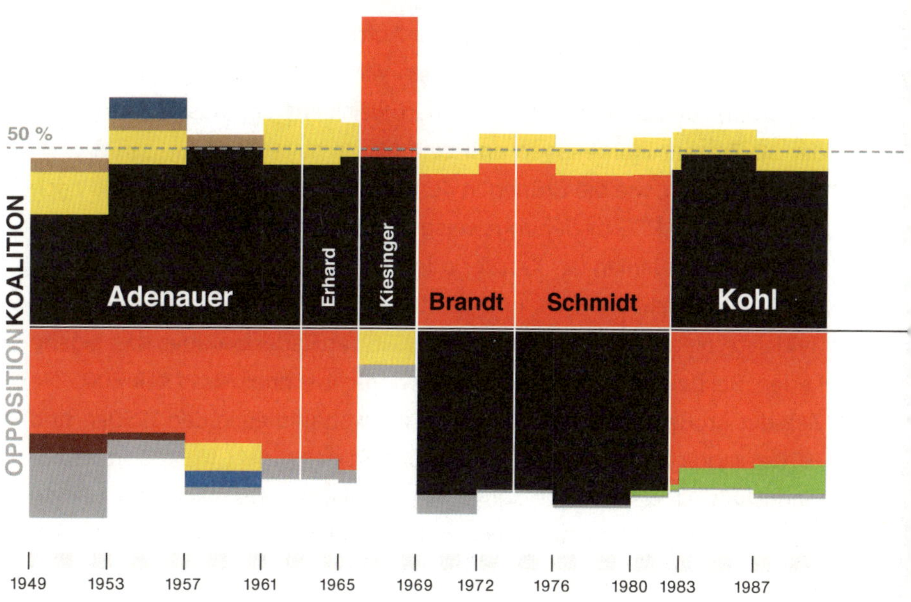

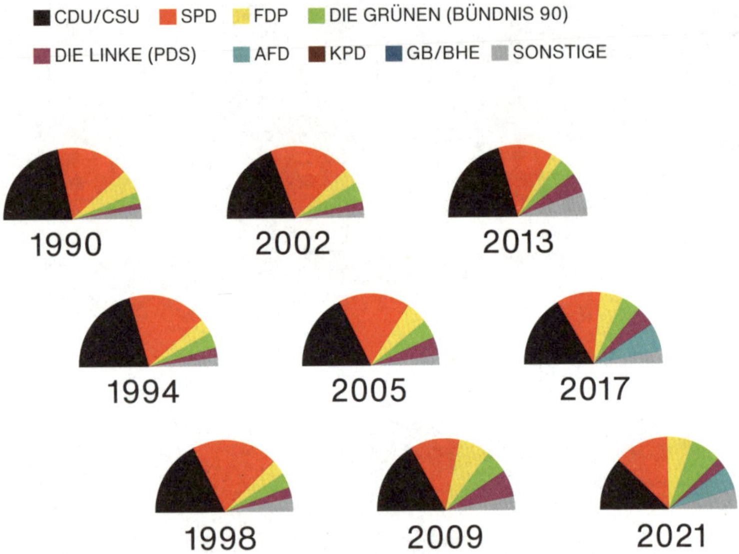

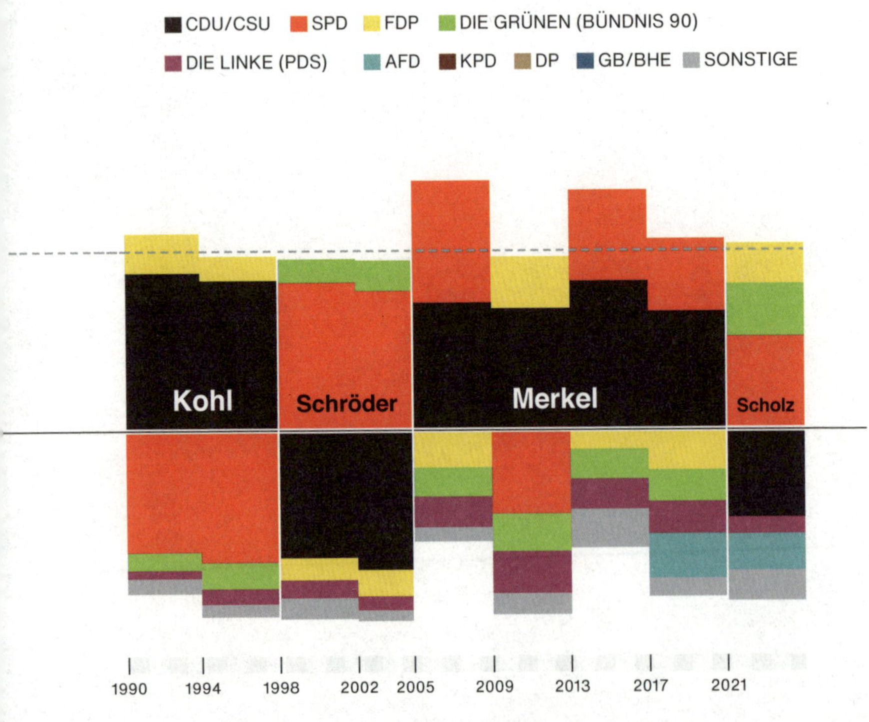

QUELLEN: BUNDESWAHLLEITER, WIKIPEDIA

Wann sind Sie einmal eine ungewöhnliche Koalition eingegangen?

Andreas Reckwitz

Koalitionen sind Bündnisse auf Zeit. Es gibt politische Koalitionen, etwa von Parteien zur Regierungsbildung oder von diversen Akteuren in sozialen Bewegungen. Auch Koalitionen im Krieg kommen vor. In einem erweiterten Sinne begegnen uns Koalitionen aber auch in anderen Bereichen. Hierfür bietet sich der verallgemeinerte Begriff der *heterogenen Kollaborationen* an:[1] Bündnisse zwischen Unternehmen oder zwischen Unternehmern, verwandtschaftliche Bündnisse, intellektuelle Bündnisse oder die Zusammenarbeit in künstlerischen Aktionen sind hier beispielhaft zu nennen.[2]

1 Vgl. Andreas Reckwitz: *Die Gesellschaft der Singularitäten. Zum Strukturwandel der Moderne*. Berlin 2017, S. 191–195.

2 Interessant ist in diesem Zusammenhang auch Gesa Ziemers zwar nicht gleichbedeutender, aber ähnlicher Begriff der Komplizenschaft, vgl. Gesa Ziemer: *Komplizenschaft. Neue Perspektiven auf Kollektivität*. Bielefeld 2013.

Heterogene Kollaborationen – der Begriff umschreibt die besonderen Merkmale dieser Form des Sozialen, die sie von anderen Sozialformen unterscheidet.

In der heterogenen Kollaboration arbeitet man gemeinsam an einer sachlich umgrenzten Aufgabe zusammen. Während eine Gemeinschaft sich potenziell mit allen möglichen Dingen beschäftigen kann und eine Organisation zwar spezialisierte Aufgaben hat, aber diese sich im Laufe der Zeit immer wieder erneuern können, geht es in der Koalition tatsächlich um eine thematisch begrenzte, genau abgesprochene Angelegenheit: um eine Regierung, ein Gesetz, ein Buch, eine Strategie, eine Marke, eine Aktion. Es bedarf eines aktiven Entschlusses von zwei (oder mehr) voneinander unabhängigen Akteuren, sich zusammenzutun, weil nur so die Sache gelingt. Die Sache, um die es geht, oder das »Thema« der Koalition ist zugleich zeitlich limitiert: Auch dies unterscheidet sie von der Organisation und von der Gemeinschaft, die beide prinzipiell zeitlich unbegrenzt existieren. Insofern hat die Koalition Projektcharakter: Sie hat einen Anfang und in der Regel auch ein Ende.[3]

Zentral ist schließlich, dass die Akteure, die sich hier zusammentun, nicht einander ähnlich sind, sondern sich hinsichtlich ihrer Interessen, Werte oder Identitäten grundsätzlich voneinander unterscheiden. Während man in der Gemeinschaft von der Homogeni-

3 Zum Projekt vgl. Luc Boltanski, Ève Chiapello: *Der neue Geist des Kapitalismus*. Konstanz 2003, S. 152–176.

tät der Teilnehmer ausgeht, die eine Identität teilen, und in der Organisation qua Arbeitsteilung spezialisierte Rollen zugeschrieben werden, erscheint in der Koalition im Gegensatz dazu die Heterogenität als Stärke: Gerade aufgrund der Differenzen kann man verschiedene Sichtweisen einbringen.

Das macht die heterogenen Kollaborationen zu einer in der Moderne, zumal unter den pluralisierten Bedingungen der Spätmoderne, besonders interessanten und zukunftsträchtigen Form des Sozialen. Hier wird kooperiert, nicht nur *obwohl*, sondern *weil* man verschieden ist. Zusammenarbeit ist im temporären Bündnis zugleich Differenzmanagement.

Ich kenne persönlich heterogene Kollaborationen aus dem Bereich der Wissenschaft und des intellektuellen Feldes. Kollektive Forschungseinheiten, wie etwa Sonderforschungsbereiche oder Forschungscluster, kann man durchaus als solche verstehen: Einrichtungen auf Zeit mit sehr unterschiedlichen Wissenschaftlern als Teilnehmer, die aber doch punktuell ein gemeinsames Forschungsinteresse teilen. Im

letzten und in diesem Jahr habe ich mit Hartmut Rosa ein gemeinsames Buchprojekt unter dem Titel *Spätmoderne in der Krise* verfolgt.[4] Ich würde es exemplarisch als ein intellektuelles Bündnis auf Zeit interpretieren.

Die Verschiedenheit der Ausgangspunkte und das gemeinsame Anliegen gehen in diesem Buchprojekt Hand in Hand.

Hartmut Rosa und ich sind sehr unterschiedliche Soziologen und vertreten ziemlich unterschiedliche Ansätze. Das war uns von vornherein bewusst: Hartmuts Ansatz ist stark normativ im Sinne der Frankfurter Schule ausgerichtet, während es mir im Kern um die Analyse und Erklärung von gesellschaftlichen Transformationsprozessen und ein Verständnis der Moderne ohne utopischen Horizont geht. In meiner Perspektive erneuert sich die Moderne immer wieder – vorläufig bis in die Spätmoderne hinein –, während sie in Hartmuts Perspektive überwunden werden sollte. So wie das Wissenschaftsfeld funktioniert, bedeutet eine solche Differenz der Perspektiven zwischen verschiedenen Theoretikern häufig, in die soziale Form der »Konkurrenz« einzutreten. Die andere Perspektive wird dann kritisch abgewertet und die eigene überhöht. Manche waren daher verwundert, dass wir dieses Projekt überhaupt zusammen gestartet haben: Wie kann so Unterschiedliches zusammenpassen?

Wir haben umgekehrt die Heterogenität als Ressource wahrgenommen. Ein solches temporäres Bündnis erschien uns sinnvoll, weil wir trotz aller Unterschiede ein gemeinsames Anliegen teilen: nämlich die Theorie der Moderne und Gesellschaftstheorie als Hauptanliegen der Soziologie stark zu machen. Wenn einer alleine von uns dies versucht hätte, hätte sich dieses Anliegen weniger wirkungsmächtig artikulieren lassen. Und zugleich verdeutlicht das Buch, wie sich die gleiche Grundfrage sehr unterschiedlich beantworten

4 Andreas Reckwitz, Hartmut Rosa: *Spätmoderne in der Krise. Was leistet die Gesellschaftstheorie?* Berlin 2021.

lässt – ohne dass der eine recht und der andere unrecht hätte, ohne dass einer als Sieger vom Platz ginge und der andere als Verlierer. Gerade die Verschiedenartigkeit von Theorien der Moderne macht die Reichhaltigkeit und Attraktivität dieser Forschungsrichtung aus.

Genau darum geht es in einer Koalition: um eine Kollaboration, welche um die irreversiblen Differenzen weiß und ein Projekt verfolgt, in dem sich niemand auf Kosten des anderen profiliert, sondern vielmehr die gemeinsame Sache erst durch die Unterschiedlichkeit der Teilnehmer ihr Profil gewinnt.

Aber auch diese intellektuelle Koalition hat nicht nur einen Anfang, sie hat auch ein Ende: Monatelang auf Tournee werden wir anlässlich des Buches nicht zusammen gehen.

Jasmin Siri

Wer wann mit wem und warum?

Ein schneller Ritt durch die bundesdeutsche Koalitionsgeschichte

Koalitionen prägen die Alltagspraxis politischen Regierens. Nach Wahlen symbolisieren Koalitionsverhandlungen das Erwachen aus dem Wahlkampf und seinen Tribalisierungen von Freund, Feind und richtigen Weltbildern. Um sie zu führen, müssen sich die Verhandler in einen neuen Modus des politischen Handelns versetzen. So zivilisieren (erfolgreiche) Koalitionsverhandlungen den Ton und mahnen zur Sachlichkeit und zum Ausgleich; und zeigen so die Rückkehr zur Anerkennung der Komplexität modernen Regierens an. Dabei ist es nicht unerheblich, ob die Koalitionsbildung von bestehenden Vertrauensverhältnissen und Sympathien zwischen den Verhandlern profitieren kann.

Wie Koalitionen gebildet und verhandelt werden, hängt maßgeblich von dem zugrunde liegenden politischen und parlamentarischen System ab. Dieses prägt die strategischen Entscheidungen von Fraktionen und politischen Eliten. Während beispielsweise in Deutschland eine parlamentarische Mehrheit zur Einsetzung einer Regierung notwendig ist (größer als 50 Prozent), erleichtert das dänische Verfahren zur Regierungsbildung auch die Option der Minderheitsregierung. In Belgien und den Niederlanden führen Vermittler die Koalitionsverhandlungen mit den Parteien, während dies in Deutschland die Parteiführungen übernehmen. Auch das Wahlrecht spielt eine wichtige Rolle bei der Frage, ob und wie eine Koalition zustande kommt. Die Möglichkeit des Stimmensplittings in Erst- und Zweitstimme (in Deutschland seit 1953) ermöglicht es, mit der Wahl bereits eine Haltung zur präferierten Koalition auszudrücken. Begrenzungen wie Grundmandatsklausel und Fünf-Prozent-

Hürde (ebenfalls seit 1953 mit Ausnahme Ostdeutschlands nach der Wiedervereinigung) begrenzen den Kreis derer, aus denen Regierungen gebildet werden können. Und zuletzt sei nicht vergessen, wie sehr die politische Geschichte und Kultur eines Landes auf die Wahrnehmung der Koalitionsbildung wirkt. So ist zum Beispiel die deutsche Abneigung gegen »Instabilität« ein stilbildendes Element von Koalitionsverhandlungen, zum Beispiel als Argument für eine »Große Koalition« aus CDU/CSU und SPD oder als stete Mahnung, die Regierungsbildung rasch hinter sich zu bringen.

Koalitionen in der Bundesrepublik Deutschland nach der NS-Diktatur: Ein parteiengeschichtlicher Aufriss

Die Kabinette Adenauer I–III:

»Lieber sechs Wochen Wahlkampf als eine Woche Regierungsbildung.«

(Konrad Adenauer, 1953)

Bei der Wahl am 14. August 1949, der ersten geheimen und freien Wahl in Deutschland nach der NS-Diktatur, erlangte keine Partei mehr als 31 Prozent Stimmenanteil. Die CDU/CSU vereinte 31 Prozent der Stimmen auf sich, die SPD 29,2, die Liberalen 11,9. Den Rest teilten sich kleine Parteien wie KPD, BP und DP. Eine Große Koalition aus CDU/CSU und SPD hätte sich angeboten. Diese Idee gefiel jedoch Konrad Adenauer nicht, und er schwor seine Wunschkoalitionäre bei einem Treffen in seinem Privathaus in Rhöndorf auf eine Koalition aus CDU/CSU, FDP und der niedersächsischen Deutschen Partei ein. Diese erste Regierung hielt die Mehrheit nur hauchdünn: mit der Kanzlerstimme.

Die Wahl 1953 brachte der CDU/CSU ein besseres Ergebnis ein. Mit 45,2 Prozent der Stimmen (SPD 28,8; FDP 9,5; GB/BHE 5,9; alle weiteren unterhalb der nun erstmals allgemeingültigen Fünf-Prozent-Hürde, Grundmandatsklausel: ein Mandat) brauchte sie nur noch einen Koa-

Plakate der
Ära Adenauer I/II
Quelle: KAS, BpB

litionspartner, um die Mehrheit im Parlament zu erlangen. Adenauer wollte aber nun eine Zweidrittelmehrheit hinter sich scharen und nahm neben der FDP die protestantisch-nationalkonservative DP (sie war mit zehn Direktmandaten in das Parlament eingezogen) und – als neuen Partner – den Gesamtdeutschen Block/Bund der Heimatvertriebenen und Entrechteten auf. Trotz der Mehrheitsverhältnisse waren die Koalitionsverhandlungen komplex. Die FDP war unzufrieden und fühlte sich vereinnahmt (nur 24 von 44 Abgeordneten stimmten für die Regierungsbildung), die NS-Vergangenheit der Politiker von GB/BHE beherrschte die öffentliche Debatte, in der CDU gab es Unzufriedenheit mit der Personalunion von Außenministerium und Kanzlerschaft, und der Bayer Franz Josef Strauß forderte das Außenministerium für sich. Das Kabinett Adenauer II schuf sechs neue Ministerien, um all die Begehrlichkeiten der Koalitionäre zu befriedigen. Dennoch hielt die Mehrheit nicht lange: 1955 verließ der GB/BHE die Koalition, im Jahr 1956 geriet die FDP in eine fulminante Krise. Bei der Bundestagswahl 1957 gelang der CDU/CSU die absolute Mehrheit. Mit 50,2 Prozent der Stimmen verhandelte Adenauer erneut mit der DP, die im Laufe der 1950er-Jahre jedoch zunehmend von der CDU aufgesogen worden war. 1960 traten deren zwei verbliebene Minister folgerichtig der CDU bei.

Die Regierungen von Ludwig Erhard und Kurt Georg Kiesinger:

»Ein Kompromiß, das ist die Kunst, einen Kuchen so zu teilen, daß jeder meint, er habe das größte Stück bekommen.«

(Ludwig Erhard)

Die 1960er-Jahre waren aus Perspektive der Koalitionsforscher aufregende Jahre. Nach der Bundestagswahl am 14. November 1961 verlor die CDU/CSU die absolute Mehrheit und war auf eine Allianz mit einer der beiden im Parlament verbliebenen Parteien (SPD und FDP) angewiesen. Zuvor erstaunte Adenauer die Öffentlichkeit unter anderem mit

1967: Kabinett Kiesinger Quelle: bundesregierung.de

der Idee, Bundespräsident zu werden – nur um dies anschließend wieder zu verwerfen und erneut als Kanzlerkandidat anzutreten. CDU/CSU und FDP beschlossen, sich erneut in Koalitionsverhandlungen zu begeben. Konrad Adenauer, zum Zeitpunkt der Verhandlungen bereits 85 Jahre alt – hatte es verpasst, einen Nachfolger aufzubauen. FDP-Chef Erich Mende verlautbarte, eine Koalition sei nur unter der Voraussetzung akzeptabel, dass Adenauer im Laufe der Legislatur seinen Hut nehme. Geschwächt und unter dem Eindruck des Mauerbaus und der *Spiegel*-Affäre (im Anschluss an diese sondierte Adenauer kurzzeitig mit der SPD) bildete Adenauer zwei unruhige und wenig erfolgreiche Kabinette aus CDU/CSU und FDP, bis er 1963 von Ludwig Erhard abgelöst wurde. Dieser ging als Spitzenkandidat der CDU/CSU in die Bundestagswahl 1965. Wenngleich er dabei innerparteilich – unter anderem vom nunmehr verbitterten Adenauer – heftig angegriffen wurde, erreichte er mit 47,6 Prozent beinahe die absolute Mehrheit und koalierte mit seinem Programm des wirtschaftlichen Aufschwungs entsprechend mit der FDP.

Doch bereits im Oktober 1966 war die FDP so entzaubert, dass ihre Minister die Regierung verließen. Der frustrierte Erhard bot seiner Partei

den Rücktritt an, die rasch Kurt Georg Kiesinger als Nachfolger nominierte. Kiesinger – an den sich heute viele vor allem aufgrund seiner NS-Vergangenheit erinnern – sah sich nach seiner Regierungsübernahme im Dezember 1966 mit einer unwilligen FDP und einer erstarkten SPD unter Wehner und Brandt konfrontiert. Er bildete die erste Große Koalition unter Beteiligung der SPD. Diese blieb vonseiten linker Sozialdemokraten nicht unkommentiert: »Die Jugend unseres Landes wird sich vom Staat und seiner Verfassung abkehren; sie wird sich nach links und rechts verrennen, sobald diese miese Ehe beschlossen sein wird«, schimpfte Günter Grass in einem Brief an Willy Brandt. Die Große Koalition setzte zahlreiche konfliktäre Vorhaben um, darunter eine Strafrechtsreform, eine Steuerreform und die Notstandsgesetzgebung. Außenminister Willy Brandt profilierte sich mit aufsehenerregenden außenpolitischen Initiativen.

Die sozialliberalen Koalitionen unter Willy Brandt und Helmut Schmidt:

»Wir sind keine Erwählten, wir sind Gewählte. Deshalb suchen wir das Gespräch mit allen, die sich um diese Demokratie bemühen.«

(Regierungserklärung, Willy Brandt am 28. Oktober 1969)

Kabinett Brandt I: Die Bundestagswahl 1969 hatte die CDU/CSU zwar erneut gewonnen (46,1 Prozent). Da die SPD im Drei-Parteien-Parlament mit ihrem Wahlergebnis von 42,7 Prozent gemeinsam mit der FDP (5,8 Prozent) die Mehrheit zu stellen in der Lage war und der Unmut der FDP über ihren Anhängselstatus in den unionsgeführten Regierungen groß war, nahmen SPD und FDP rasch Koalitionsverhandlungen auf. Voraussetzung hierfür war auch gewesen, dass die NPD nur knapp den Einzug in das Parlament verpasst hatte (mit 4,3 Prozent). Es folgte nach nur knapp drei Wochen Verhandlungen die erste sozialliberale Koalition der Bundesrepublik unter dem Bundeskanzler Willy Brandt,

Quelle: FES online, Bildrechte: Josef H. Darchinger/AdsD.

gewählt mit einer Mehrheit von nur drei Stimmen. Die sozialliberale Koalition würde mit wechselnden Personaltableaus bis 1982 Bestand haben.

Sie fiel in eine unruhige politische Situation. Brandts »neue Ostpolitik« brachte ihm zwar 1971 den Friedensnobelpreis, war aber keinesfalls unumstritten. Der Radikalenerlass aus dem Jahre 1972 und die Frage, wie mit dem erstarkenden Linksextremismus umzugehen sei, stellte für die SPD innerparteilich eine Zerreißprobe dar. Die Brandt'sche Koalition wurde durch den Rücktritt mehrerer Minister und Staatssekretäre und auch durch den Wechsel von SPD- und FDP-Abgeordneten in die Opposition geschwächt. Selbst die Erfolge der Regierung polarisierten. Auf dieser Grundlage fand im April 1982 ein Misstrauensvotum gegen den Kanzler statt, welches mit nur zwei Stimmen scheiterte. Die dahingeschwundene Mehrheit veranlasste den Kanzler, die Vertrauensfrage zu stellen. Diese führte zu einer vorgezogenen Bundestagswahl. An der enormen Wahlbeteiligung von 91 Prozent der Wählerinnen und Wähler lässt sich ablesen, wie politisiert und emotional der Wahlkampf verlief. Es ging um Krieg und Frieden, um die Bewertung der Arbeit der Sozialliberalen und um die Frage, wie Deutschland sich hinsichtlich der Ostpolitik weiter positionieren sollte. Und es ging mehr denn je um Personen, insbesondere um Willy Brandt selbst, dem Wahlkampfleiter Holger Börner eine furiose Kampagne strickte.

Ergebnis des polarisierten Personenwahlkampfes war ein Sieg der SPD. Mit 45,8 Prozent lag sie knapp vor der CDU mit 44,9 Prozent der Stimmen. Die FDP verbesserte ihr Ergebnis auf 8,4 Prozent.

Kabinett Brandt II: Dem Wahlsieger Brandt machten gesundheitliche Probleme zu schaffen. Arnulf Baring und Gregor Schöllgen beschreiben in ihrem Buch über die Kanzlerschaften von Adenauer bis Schröder die Symptome dessen, was wir heute wohl »Burn-out« nennen würden. Für die Koalitionsverhandlungen bedeutete dies, dass sie ohne ihn geführt wurden: »Denn Willy Brandt lag im Krankenhaus, und so wurde seine Regierung an ihm vorbei gebildet. (…) Die schriftlichen Anweisungen für die Koalitionsverhandlungen, die Brandt vom Krankenbett aus

Wehner durch Ehmke hatte zukommen lassen, blieben im Jackett des Fraktionsvorsitzenden – glatt vergessen. So wurden Tatsachen geschaffen, die der Kanzler nach seiner Genesung zum Teil schon deshalb akzeptieren mußte, weil sie durch Indiskretionen an die Öffentlichkeit gelangt waren« (Baring, Schöllgen 2002, S. 145).

Es kam, was kommen musste: Brandts Weggefährten und Vertrauten verloren die ihnen angedachten Positionen, und ein anderer, Helmut Schmidt, profilierte sich als »neuer starker Mann«. Schon das Jahr 1973 stellte Brandt auf die Probe: Er sah sich mit neuen Problemen der Ostpolitik, einem Nahost-Krieg unter Beteiligung Israels, daraus resultierender Ölknappheit sowie großen Streiks im Inneren konfrontiert. Hinzu kamen ein Bestechungsskandal rund um das konstruktive Misstrauensvotum in der vorhergehenden Legislatur und innerparteiliche Angriffe. Als die Guillaume-Affäre – ein Mitarbeiter und Freund Brandts war Stasi-Spitzel – sich zum öffentlichen Thema entwickelte, nahm Brandt dies zum Anlass, zurückzutreten.

Kabinette Schmidt I–III: Im Mai 1974 wurde Helmut Schmidt zum Kanzler gewählt, bereits einen Tag später hatte er seine Regierung gebildet. Innerhalb der SPD-Ministerien wurden Personalien verändert und es wurde eine straffe Organisation für das Kanzleramt eingeführt. Zu diesem Zeitpunkt wechselte Hans-Dietrich Genscher vom Innenresort in das Außenministerium, er würde es über viele Jahre prägen. Das Kabinett Schmidt I stellte sich trotz der Herausforderungen der Wirtschaftskrise als stabil und arbeitsfähig heraus. Nach dem unter Helmut Kohl errungenen Unionssieg von 1976 (48,6 Prozent) traten dennoch SPD (42,6) und FDP (7,9) in Verhandlungen. Diese dauerten mit etwa zehn Wochen deutlich länger, und mit nur einer Stimme Mehrheit wurde Kanzler Schmidt gewählt. Arbeitslosigkeit, Rentenfinanzierung und RAF-Terrorismus waren die Themen, die auch das Kabinett Schmidt II herausforderten.

Besondere öffentliche Sichtbarkeit erlangte der Kanzler durch sein Krisenmanagement in Terrorlagen. Außenpolitisch waren das Thema

Abrüstung und der Umgang mit den kolonialistischen Bestrebungen der Sowjetunion prägend, die sich im Inneren an den Protesten zum NATO-Doppelbeschluss im Dezember 1979 manifestierten. In der SPD war der Unmut erheblich. Glücklicherweise für Schmidt und auch für die FDP trat 1980 nicht Kohl, sondern das Feindbild aller Linken, Franz Josef Strauß, gegen ihn an. Wieder gewann die CDU/CSU die Wahlen mit 44,5 Prozent, wieder reichte es für eine Regierung aus SPD (42,9) und einer erstarkten FDP (10,2). Die frisch gegründeten Grünen erreichten nur 1,5 Prozentpunkte. Mit komfortabler Mehrheit wurde die dritte Runde der Kabinette Schmidt eingeläutet, allerdings bestanden dieselben Probleme und innenpolitischen Streitpunkte: NATO-Doppelbeschluss, Arbeitslosigkeit und wachsende Staatsschulden entfremdeten die Koalitionspartner, in der SPD wüteten junge Nachwuchskräfte wie der saarländische SPD-Vorsitzende Oskar Lafontaine gegen den Kanzler und seine Politik. Eine Initiative der FDP zur Verringerung von Sozialleistungen wurde für die SPD zur unmöglichen Option. Auch dieser Kanzler litt inzwischen unter erheblichen gesundheitlichen Problemen. Die Koalition zerbrach und die FDP, genervt und pragmatisch, wandte sich der CDU zu. Am 1. Oktober 1982 sprach der Bundestag dem Kanzler das Misstrauen aus und wählte Helmut Kohl zum Kanzler. Dass ein Kanzler durch ein Misstrauensvotum gewählt wurde, war etwas Besonderes. Es gab keine ausführlichen Koalitionsverhandlungen. Vielmehr fanden sich im Kabinett Kohl I die FDP-Minister der letzten Schmidt-Regierung wieder.

Die Kabinette Kohl I–V:

»Entscheidend ist, was hinten rauskommt.«

(Helmut Kohl, 1984)

Wenig überraschend erbte Helmut Kohl die politischen Probleme des Namensvetters: Inflation und Rezession, Arbeitslosigkeit, NATO-Doppelbeschluss. Die Themen hatten sich kaum verändert. Mittels Vertrau-

ensfrage wurden Neuwahlen für den März 1983 ermöglicht, um der dann zu bildenden Regierung ausreichende Legitimität zu verschaffen. Die Bundestagswahl 1983 gewann Kohl mit einem hervorragenden Ergebnis von 48,8 Prozent. Die SPD wurde mit ihrem bis dahin schlechtesten Ergebnis von 38,2 Prozent und dem Verlust zahlreicher Direktmandate bestraft, die FDP sank auf sieben Prozent. Erstmals gelang den Grünen der Sprung in das Bundesparlament. Sie zogen mit 5,6 Prozentpunkten in den Bundestag ein. Die Bürgerinnen und Bürger hatten sich für einen von vielen Bonner Taktikern unterschätzten »Mann aus der Provinz« entschieden, der ein Bild deutscher Mittelschichtsgemütlichkeit, Wärme und Sicherheit produzierte.

Kabinett Kohl II: Helmut Kohl hatte sich bereits als Oppositionsführer um ein gutes Verhältnis mit den Liberalen bemüht: »Im Übrigen musst du wissen, dass du nicht ohne Netz turnst«, versicherte er 1982 Hans-Dietrich Genscher. Kohl war kein bloß machtbewusster Politiker, der sich seine Koalition zurichtete. Vielmehr machen Zeitzeugenberichte deutlich, dass sich sein Verhältnis zur FDP durch Aufgeschlossenheit und zeitaufwendige Beziehungspflege auszeichnete. Die zweite Kohl-Regierung profitierte von einer Erholung der Weltwirtschaft und erarbeitete sich mit der parlamentarischen Bestätigung des NATO-Doppelbeschlusses einen Erfolg, wurde aber von mehreren Affären und Skandalen eingeholt und in ihrer Produktivität eingeschränkt: Unter ihnen besonders weitreichend war die Flick-Parteispendenaffäre. Im Zuge der beginnenden Aufarbeitung trat Wirtschaftsminister Otto Graf Lambsdorff, der besondere kriminelle Energie bewiesen hatte, zurück. Auch Kohl machte eine Aussage in der Sache, die viele Jahre später neue Relevanz erhalten würde.

Kabinett Kohl III: Im Wahlkampf zur Wahl im Januar 1987 stellte Kohl erneut Wirtschaftswachstum und Sicherheit in den Mittelpunkt. Die SPD mit ihrem Kandidaten Johannes Rau blieb farb- und optionslos, nicht zuletzt, weil Rau eine Koalition mit den Grünen ausschloss. Mit nur

Wahlplakat 1983
Helmut und Hannelore Kohl

Quelle: Landesarchiv Baden-Württemberg/Quelle: Tagesspiegel

44,3 Prozent war Kohls Ergebnis schlechter als vier Jahre zuvor, doch auch die SPD verschlechterte sich (37). Es war ein Wahlsieg der kleinen Parteien: Die FDP holte 9,1 Prozentpunkte, die Grünen kamen auf 8,3. Dementsprechend selbstbewusst trat die FDP bei den Koalitionsverhandlungen auf. Die Verhandlungen waren konfliktär, und erst Anfang März konnte die neue Regierung ihre Arbeit beginnen. Während Mittelstreckenraketen und innerparteiliche Querelen in den beiden Volksparteien die mediale Agenda bestimmten, bemühte sich Kohl, außenpolitisches Profil zu gewinnen, insbesondere in der Ostpolitik. Die rasanten Entwicklungen des Jahres 1989 nutzte er zur Überwindung der Schwäche der letzten Jahre: Er wollte der Kanzler der Einheit werden und begeisterte die DDR-Bürger bei Großveranstaltungen im Volkskammerwahlkampf, den die CDU überdeutlich gewann. Am 3. Oktober 1990 nahm Kohl drei Ost-CDU-Politiker*innen für »besondere Aufgaben« in das Kabinett auf.

Kabinette Kohl IV/V: Der folgende Wahlkampf stand unter dem Eindruck der Wiedervereinigung. Während Kohl »blühende Landschaften« versprach, malte Gegenkandidat Oskar Lafontaine ein düsteres Bild von der Wiedervereinigung. Erneut siegte Kohls Partei (mit 44,3 Prozent im Westen und 41,8 im Osten) sehr deutlich vor der SPD. Das Parlament vergrößerte sich um die PDS, die im Osten 11,1 Prozent der Stimmen geholt hatte und mit 17 Abgeordneten in das Parlament einzog. Wieder verhandelte Kohl mit der FDP, die dem Wahlsieger wenig entgegenzusetzen hatte. Dem neuen Kabinett gehörte übrigens eine junge Frau aus der Ost-CDU an: Angela Merkel. Die Herausforderungen des Regierens waren immens. Die Kosten der Wiedervereinigung explodierten, im Osten begingen gewaltbereite rechtsextreme Gruppierungen Anschläge, die europäische Einigung – für den Kanzler ein Herzensprojekt – war ein diplomatisches und wirtschaftspolitisches Mammutprojekt, und auch der Krieg am Golf polarisierte die politische Öffentlichkeit. Mediale und innerparteiliche Beobachter betrachteten Kohl im Vorlauf des Superwahljahres 1994 als angezählt, hatten aber die Ungeschicklichkeit der

SPD nicht mitbedacht, die eine Troika aus Scharping, Lafontaine und Schröder in den Wahlkampf schickte.

Den üblichen Kohl'schen Wahlkampfthemen fügte Generalsekretär Peter Hintze mit der Rote-Socken-Kampagne ein antikommunistisches Element hinzu. Die Wahl im Oktober 1994 gewann Kohl erneut – verlor aber Sympathien im Osten Deutschlands, in dem die PDS nun zur festen Größe wurde. Zwar verpasste die Partei die Fünf-Prozent-Klausel, konnte aber durch vier gewonnene Direktmandate als Gruppe in den Bundestag einziehen. Die CDU hatte leicht verloren (41,4 Prozent), die SPD stand aber erneut deutlich schlechter da (36,4). Die Grünen erhielten mit 7,3 Prozent mehr Stimmen als die FDP, die auf 6,9 Prozent abstürzte. Mit nur einer Stimme über der Kanzlermehrheit wurde Helmut Kohl gewählt. Die folgenden Jahre waren geprägt von den sozialen Ungleichheiten zwischen Ost und West, von einem neuen Konflikt am Balkan und der Frage, ob die Bundeswehr sich außerhalb Deutschlands an Einsätzen beteiligen dürfe und solle. Trotz seines Alters und innerparteilicher Kritik verkündete Kohl im Alleingang eine weitere Kandidatur. Sein Gegner sollte der deutlich jüngere SPD-Politiker Gerhard Schröder werden. Einfach gesagt drehte sich der Wahlkampf um die Frage, ob Helmut Kohl noch zeitgemäß sei. Während die CDU erneut die Themen Wohlstand, Sicherheit und Antikommunismus hervorhob, drehte sich der SPD-Wahlkampf um den Kandidaten, um Reformstau und Innovation, Arbeitsplätze und soziale Gerechtigkeit. Die Antimodernität Kohls – einst ein Grund, ihn zu wählen – wurde mit einer modernen SPD-Kampagne zum Makel stilisiert. Eine erneute Rote-Socken-Kampagne verfing in diesem Klima nicht.

Quelle:
Landesarchiv Baden-Württemberg

Die Kabinette Schröder I/II:

»Wir wollen uns jederzeit, nicht erst in vier Jahren, daran messen lassen, in welchem Maße wir zur Bekämpfung der Arbeitslosigkeit beitragen.«

(Regierungserklärung, Gerhard Schröder 1998)

Der Wahlsieger von 1998 hieß Gerhard Schröder. Die SPD erhielt 40,9 Prozent der Stimmen und lag damit knapp sechs Prozentpunkte vor der CDU. FDP, Grüne und PDS schafften es ebenfalls in den Bundestag (6,2; 6,7; 5,1). Die Verhandlungen zwischen SPD und Grünen dauerten vier Wochen. Letztere hatten sich auf einem Parteitag bereits auf Eckpunkte für Koalitionsverhandlungen geeinigt und forderten, dass die »Verhandlungen sehr zügig« geführt werden müssten. Schröder suchte nach einer Lösung für die Arbeitslosenproblematik, die Deutschland fest im Griff hatte. An ihr wollte er sich messen lassen. Hierzu stützte er sich nicht nur auf die Ministerien, sondern auf eine Reihe von Expertengruppen, unter ihnen das Bündnis für Arbeit, die Hartz-Kommission, die Rürup-Kommission und auch der Nationale Ethikrat. Die Koalition nahm Änderungen am Staatsbürgerschaftsrecht vor und führte die eingetragene Lebenspartnerschaft für gleichgeschlechtliche Paare ein. Der bemerkenswerteste Rücktritt dieser vier Jahre würde lange nachhallen: Finanzminister Oskar Lafontaine, der sich zum Gegenspieler Schröders stilisiert hatte, verließ 1999 fluchtartig die Bundesregierung und kündigte auch seine SPD-Verpflichtungen auf. Ebenfalls 1999 begann die NATO eine Offensive in Jugoslawien, ein Schock für die grüne und sozialdemokratische Basis. Als Reaktion auf den Terroranschlag vom 11. September 2001 hatte die NATO den Bündnisfall ausgerufen. Schröder stellte die Vertrauensfrage, um den Regierungsfraktionen die Zustimmung zur Operation »Enduring Freedom« abzuringen. Bei den Landtagswahlen waren SPD und Grüne schwach, dann aber nahte die externe Rettung in Form der CDU-Spendenaffäre, bei der Helmut Kohls einstige Aussagen im Untersuchungsausschuss als Lüge decouvriert wurden.

Der Wahlkampf 2002 – Spitzenkandidaten waren Edmund Stoiber und Gerhard Schröder – war von Affären geprägt: CDU-Spendenaffäre, Bonusmeilen-Affäre, Möllemann-Affäre und Kölner Spendenaffäre machten ausnahmslos allen Parteien zu schaffen. Besonders beobachtet wurde aber das Lavieren der CDU-Granden. Erstmals gab es ein Fernsehduell, in welchem Themen wie die Hartz-Kommission, PISA-Studie und Ökosteuer diskutiert werden konnten. Das Ergebnis war das knappste in der Geschichte der Bundesrepublik: Nur circa 6000 Zweitstimmen lagen zwischen SPD und CDU/CSU, die beide 38,5 Prozent der Stimmen erhalten hatten. Hauchdünn konnte die rot-grüne Koalition erneut in Verhandlungen treten: Die Grünen hatten 8,6 Prozent der Stimmen erhalten, die FDP nur 7,4. In den folgenden Jahren führten die Sozialreformen zu Unmut in der SPD und zu Verlusten bei der Landtagswahl im Stammland NRW – mit der Folge, dass Schröder sich ein Beispiel an Helmut Kohl nahm und die Vertrauensfrage nutzte, um Neuwahlen zu erzwingen und die Agenda 2010 »zur Wahl zu stellen«. Dies führte – wie übrigens schon bei Kohl – zu deutlicher Kritik aus verfassungsrechtlicher Perspektive. Die FDP äußerte einen Koalitionswunsch mit der CDU/CSU. Oskar Lafontaine kündigte die Vereinigung von WASG und PDS an. Die CDU kündigte an, mit Angela Merkel in den Wahlkampf zu ziehen, und machte ebenfalls eine Koalitionsaussage in Richtung der FDP, während in der SPD erste Distanzierungsbewegungen zu den Grünen beobachtet wurden.

Regierungserklärung 2005

Quelle: RND

Das Kabinett Merkel I: Die unterschätzte Kandidatin

»Glauben Sie im Ernst, dass meine Partei auf ein Gesprächsangebot von Frau Merkel in dieser Sachlage eingeht, in dem sie sagt, sie möchte Kanzlerin werden? Also ich meine, wir müssen die Kirche doch mal im Dorf lassen.«

(Gerhard Schröder in der Elefantenrunde des Wahlabends)

Die Wahl am 18. September 2005 endete mit einem hauchdünnen Sieg der Union: mit 35,2 Prozent landete sie einen Prozentpunkt vor der SPD.[1]

SPD und CDU sondierten zunächst mit ihren Wunschpartnern. Erstmals wurde auch über eine Jamaika-Koalition gesprochen. Die Ampel hatte die FDP bereits in der Elefantenrunde ausgeschlossen. Im Sondierungsgespräch zwischen CDU/CSU und SPD wurde erbittert über die Frage diskutiert, wer das Bundeskanzleramt für sich beanspruchen dürfe. Der Ausgang ist bekannt. Am 17. Oktober begannen die Koalitionsverhandlungen. Die Ministerien wurden paritätisch verteilt, bereits am 11. November stand der 130-seitige Koalitionsvertrag »Gemeinsam für Deutschland. Mit Mut und Menschlichkeit« fest. Darin stand neben zahlreichen fachpolitischen Zielen, dass mindestens einmal im Monat ein Koalitionsausschuss stattfinden würde. Denkt man kurz an die Besprechung im Wohnzimmer Konrad Adenauers zurück, wird schnell klar, dass das Regieren inzwischen deutlich voraussetzungsreicher geworden war.

Die Kabinette Merkel II–IV:

»Auch mir hat eine Satiresendung schon einmal richtig aus der Seele gesprochen, als es dort hieß: Gott hat die FDP vielleicht nur erschaffen, um uns zu prüfen.«

(Angela Merkel am 4. Dezember 2012)

2009 hatte Merkel ein schwaches Ergebnis von 33,8 Prozent der Stimmen errungen, noch viel schwächer war aber die SPD (23 Prozent), während FDP, Linke und Grüne zulegen konnten. Eine Koalition unter drei Partnern war durch Koalitionsaussagen und -absagen ausgeschlossen und auch nicht notwendig, da die Wunschpartner CDU/CSU und FDP über die nötige Mehrheit verfügten. Die Koalitionsverhandlungen dauerten drei Wochen. Sowohl inhaltlich als auch personell war eine rasche Einigung gelungen. Die Bundestagswahl 2013 wurde erneut eindeutig von der CDU/CSU gewonnen. Sondierungen über ein schwarz-grünes Bündnis scheiterten, rechnerisch wäre auch eine rot-rot-grüne Regierung mit knapper Mehrheit möglich gewesen. Erneut traten daher CDU/CSU und SPD in Koalitionsgespräche ein, die nach rund zwei Monaten mit einem detaillierten Koalitionsvertrag und einer erneuten Großen Koalition endeten. Die Bundestagswahl 2017 führte schließlich zu der längsten Phase der Regierungsbildung, die Deutschland erleben sollte: In 171 Tagen sondierten zunächst Union, Grüne und FDP eine Jamaika-Koalition. Die Verhandlungen scheiterten an einem Rückzieher der FDP, deren Vorsitzender dies wie folgt kommentierte: »Es ist besser, nicht zu regieren, als falsch zu regieren.« Die anschließenden Verhandlungen zur Großen Koalition benötigten nur zwölf Tage, mussten anschließend aber noch eine SPD-Mitgliederbefragung passieren.

Fazit

Der Ritt durch die Koalitionsregierungen von 1949 bis 2017 offenbart einige Erfolgskriterien in der politischen Praxis. Im Zeitverlauf wird eine Zunahme der Verhandlungskomplexität beobachtbar, die sich unter anderem an der Dauer der Verhandlungen beobachten lässt (vgl. Schaubild), aber auch an der Menge der Optionen und der Anzahl der Verhandelnden. Nicht geändert hat sich, dass eine positive und respektvolle Stimmung während der Verhandlung oder bereits bestehende Vertrauensverhältnisse den Erfolg wahrscheinlicher machen. Die Bedeutung funktionierender Vorbildregierungen in Bundesländern spielt ebenfalls eine Rolle.

Medial hat sich seit spätestens 1998 ein hohes Interesse an Berichterstattung über Koalitionsverhandlungen eingestellt, was die Verhand-

Dauer von Koalitionsverhandlungen und Regierungsbildungen in Tagen

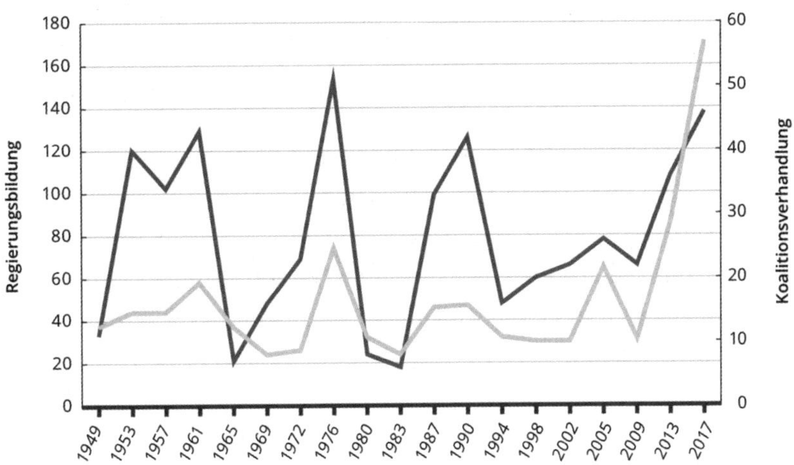

Quelle: Kannenberg, Schindler, Schüttemeyer (2021), S. 22

ler – deren Interesse an Gesichtswahrung naturgemäß hoch ist – zusätzlich unter Druck setzt. Erinnern wir uns an die Indiskretionen, die Willy Brandts Kanzlermacht beschädigten, oder an den Rückzug der FDP aus den Jamaika-Verhandlungen 2017. Bestenfalls, so lässt sich Ludwig Erhards Kuchengleichnis zusammenfassen, sollte sich keiner der potenziellen Partner zu sehr bedrängt oder gar benachteiligt fühlen. Wenngleich Aussagen im Wahlkampf, Wunschkoalitionen und Mehrheitsverhältnisse die Sondierung mit der einen oder anderen Partei wahrscheinlicher machen: In der konkreten Verhandlungspraxis entscheidet sich der Erfolg einer Verhandlung daran, wie sie konkret geführt und medial vermittelt wird.

Zitate, Bilder und Wahlergebnisse sind in folgenden Quellen nachvollziehbar: https://www.bundestag.de, www.kas.de, www.fes-online.de, www.bpb.de, www.bundeswahlleiter.de, https://www.bundesregierung.de, https://www.bundesbildstelle.de, http://www.election.de/kanzlerwahlen, https://www.deutsche-digitale-bibliothek.de (Landesarchiv Baden-Württemberg)

Weitere Quellen:

Arnulf Baring, Gregor Schöllgen: *Kanzler, Krisen, Koalitionen*. Berlin 2002.

Martin Kölbel (Hrsg.): *Willy Brandt und Günter Grass. Der Briefwechsel*. Göttingen 2013.

Edgar Wolfrum: *Rot-Grün an der Macht. Deutschland 1998–2005*. München 2013.

Oliver Kannenberg, Danny Schindler, Suzanne S. Schüttemeyer: *Koalitionsverhandlungen im Beziehungsgeflecht von Fraktion und Partei*. Berlin 2021.

Anmerkung

1 Aufgrund der zeitlichen Nähe dieser Kanzlerinnenschaft zur Gegenwart konzentriere ich mich in diesem Abschnitt ausschließlich auf die Koalitionsbildungen der Regierungen Merkel und verzichte auf Hinweise zur politischen Gesamtlage.

INTERMEZZO

Wann sind Sie einmal eine ungewöhnliche Koalition eingegangen?

Nicole Diekmann

Meine ersten 19 Lebensjahre habe ich in Gütersloh verbracht. »Ah, Bertelsmann«, lautet meist die erste Reaktion, wenn ich von meiner ostwestfälischen Heimat erzähle. Genau, Bertelsmann. Gütersloh ist der Sitz eines der weltweit größten Medienkonzerne. Ich liebe Gütersloh, aber die Stadt hat ein Problem: Der attraktiven Freizeitunterhaltung junger Leute räumt »Gütsel« seit jeher keinen hohen Stellenwert ein. Wer hier aufwächst, träumt vor allem vom Führerschein. Damit schafft man es raus, auch in die kleinen umliegenden Ortschaften, denn selbst in den kleinsten Käffern ist nachts mehr los: Dort vermieten die Bauern an den Wochenenden für Partys ihre Scheunen.

Für die Finanzierung des aus Sicht der Teenie-Fraktion überlebensnotwendigen Führerscheins ist Bertelsmann Gold wert. Die Faustregel lautet: »Willste fahren, stell dich ans Band.« Seit Generationen jobben beinahe erwachsene Gütersloher in einer der zahlreichen Bertelsmann-Tochterunternehmen. So auch ich.

Wir schreiben das Jahr 1995. Es ist Sommer, es sind Ferien, ich bin 17, und ich bin hungrig. Darauf, endlich unabhängig zu sein. Natürlich habe auch ich ältere Freundinnen und Freunde, die mich am Wochenende mitnehmen in ihren klapprigen Fiat Unos oder Opel Kadetts, aber ich will selbst bestimmen, wann ich wohin fahre, und vor allem, wann wieder nach Hause. Ich möchte nicht mehr todmüde in der Ecke einer Disco hocken und darauf warten, dass »mein« Fahrer endlich fertig ist mit Tanzen. Also habe ich meiner Freundin Kim und mir für vier Wochen einen Job am Fließband organisiert. Wir werden Bücher einpacken, wir werden Geld verdienen, wir werden den Führerschein machen, wir werden glücklich.

Sehr euphorisch treten wir an diesem Montagmorgen an das Band. Außer uns stehen hier noch fünf andere Frauen. Jede von uns hat je drei Bücher in Augenhöhe in vielfacher Ausfertigung vor sich liegen und packt diese in einen von links kommenden Karton und schiebt ihn dann weiter nach rechts. Die Frau am Ende der Kette wuchtet ihn dann in eine große Gitterbox. Ist die voll, bringt ein Gabelstapler eine neue und nimmt die andere mit. Keine Aufgabe, die uns intellektuell fordert, aber auch keine Aufgabe, die uns körperlich überfordert. Wir sind jung, wir sind fit, wir sind in vier Wochen hier wieder raus.

Nach zwei Stunden ist die erste Pause. Eine Hälfte der Frauen geht in den Frühstücksraum, die andere nach draußen. Kim und ich folgen ihnen. Maria heißt die Frau, die zu meiner Rechten arbeitet und nun an eine Wand

gelehnt auf einem Stück Karton in der Sonne sitzt und an ihrer Zigarette zieht. Ich schätze sie auf Anfang 40. Wie lange sie diesen Job schon macht, frage ich sie. Ein paar Jahre, lautet ihre Antwort. Keine Gegenfrage. Keine Ergänzung, kein Lächeln. Kim spricht derweil direkt neben uns mit Anastasia, einer Griechin. Viel mehr bekommen wir aus ihr aber auch nicht raus. Die Pause ist um, wir gehen zurück an die Arbeit.

In der Mittagspause dasselbe: Wir versuchen, ins Gespräch zu kommen, und scheitern. Niemand ist unfreundlich. Wirklich freundlich aber auch nicht. Etwas ratlos gehen wir abends nach Hause. Am nächsten Tag dasselbe.

Am Mittwoch frage ich nach. Ob wir ihnen etwas getan haben, frage ich Maria. Nein, sagt sie. Das nicht. Und endlich spricht sie mehr als nur einen knappen Satz: Unser Tempo sei nicht gut. Ich bekomme ein schlechtes Gewissen: »Das tut mir leid«, sage ich, »wir sind ja noch neu und haben das noch nie gemacht. Wir werden noch schneller, bestimmt!« Genau das sei es ja, mischt sich eine andere ein, die mit mir bis hierher noch kein Wort gewechselt hat. Wir seien zu schnell. Sie alle würden auf Dauer zu müde davon, und die Chefs würden sich daran gewöhnen, dass es so rasch geht. Und dann gäbe es Ärger, wenn wir wieder weg seien. Sie würden uns sehr bitten, langsamer zu werden. Und den Vorarbeitern nichts zu sagen.

Ab da wurde es netter. Kim und ich nahmen Tempo raus. Am Band. Und gaben ein Jahr später Gas. Im Auto.

Alfred Hackensberger

Neulich in Taliban

Über Doppelmoral, Doppeldeutigkeit und Doppelspiele in Afghanistan

Die Hotelpianistin saß im ärmellosen, schwarzen Minikleid am Flügel und trat mit ihren goldglänzenden Stöckelschuhen auf die Pedale. Sie spielte Klassiker wie »Moon River« und »A Whole New World«. Es war der typische Lobbysound in diesem Luxushotel in Doha, wie man ihn aus allen glamourösen und auch weniger pompösen Unterkünften rund um die Welt kennt. So gut die Pianistin an diesem Dienstag, dem 12. März 2019, auch in die Tasten gegriffen haben mag, ihre Standards passten nicht zu den Ereignissen, die damals gleich nebenan vor sich gingen. Denn in den Konferenzsälen des Hotels schrieb man Geschichte, das letzte Kapitel eines geopolitischen Paradigmenwechsels: Radikalislamistische Terrororganisation und Weltmacht verhandeln vis-à-vis und bestimmen gemeinsam die Zukunft eines Landes.

Etwas, das bisher undenkbar schien. Es saßen die Vertreter der US-Regierung und der afghanischen Taliban zusammen, um in öffentlichen und privaten Gesprächen die letzten Details ihres Friedensabkommens auszuhandeln. Eine grundsätzliche Übereinkunft, das »Doha-Abkommen«, hatten beide Parteien bereits ein Jahr zuvor im Januar unterschrieben. Eigentlich kennt man das ja. In der Diplomatie gelten andere Regeln, als sie die meisten Menschen als Grundlage des Zusammenlebens sehen. Präsidenten und Minister demokratischer Staaten unterhalten gute Beziehungen zu Diktatoren und Tyrannen, an deren Händen das Blut von Tausenden von Opfern klebt. Früher waren das etwa Zine el-Abidine Ben Ali in Tunesien, Muammar al-Gaddafi in Libyen und

auch Saddam Hussein im Irak. Man nutzte sie als Garanten für stabile Verhältnisse und wirtschaftliche Zusammenarbeit. Alle drei Autokraten sind mittlerweile gestürzt und tot. Aber nun heißen die neuen Partner Abdel Fatah el-Sisi in Ägypten, Recep Tayyip Erdoğan in der Türkei und auch Xi Jinping in China. Ihre Gefängnisse sind überfüllt mit Andersdenkenden.

»Man dürfte mit solchen Typen nicht sprechen und sie schon gar nicht hofieren«, ist eine verbreitete Meinung, die mehr werteorientierte Haltung von den Politikern auf internationaler Ebene einklagt – so, als müsste man sich nur für die richtige, gute Seite entscheiden und alles wäre getan. Staatsmänner sprechen von Realpolitik, wenn man ihnen den zu freundlichen Umgang mit zweifelhaften Herrschern und Industrieunternehmen vorwirft. Mehr Moral in der Außenpolitik wird gefordert. Immer wieder. Heute sind es Klimaaktivisten, vor 50 Jahren war es die linke APO und danach die Umweltbewegung, aus der die Grünen hervorgingen. Aber am Primat realpolitischer Entscheidungen hat das wenig geändert. Sie bestimmen nach wie vor die internationale Bühne – trotz einer weltweit schier endlosen Abfolge von humanitären Katastrophen und Kriegen.

Selbst der Arabische Frühling mit seinen Revolutionen und Bürgerkriegen mit Hunderttausenden von Opfern in Libyen, Syrien, im Irak und Jemen hat nichts geändert. Im Gegenteil: Er hat nur erneut bestätigt, dass politische Interessen über Menschlichkeit regieren. Die Mächtigen wechseln oder bleiben, Demokratie flackert kurz auf, ist aber letztlich nur ein Phantasma. Obendrein konnte man erkennen, wie die gute, alte Realpolitik zu neuen Kapriolen fähig ist. Die internationale Politik ist nicht mehr in klare, große Konfliktlinien eingeteilt. Nicht zu vergleichen mit den vergangenen Tagen des Kalten Kriegs, als es einen sowjetischen Block und einen »freien Westen« gab. Die Welt ist multilateral, ein Schauplatz mit neuen Akteuren und hegemonialen Ansprüchen, die nonchalant die Regeln internationaler Politik aushebeln. Ihr probates Mittel ist das altbekannte Prinzip der Abschreckung: Wer mich aufhalten will, der muss mit Krieg rechnen.

Türkei – Russland: Eine realkompromissfähige Koalition

Es waren Russland, die Türkei und auch der Iran, die den Arabischen Frühling und seine Machtvakuen nutzten, um zu »regional players« zu avancieren. Iran ist heute in Syrien, im Irak und Jemen als militärische und politische Macht nicht wegzudenken. Russland intervenierte in Syrien und Libyen und ist in beiden Ländern eine bestimmende Kraft. Moskau setzt dabei Söldner von russischen Privatfirmen als Streitkraft ein. Die Türkei perfektionierte über die Jahre ihr hegemoniales System. Sie hält sich eine komplette Armee von syrischen Söldnern, die meisten davon radikale Islamisten. Mit denen unternahm sie drei Invasionen in Syrien, ließ sie in Libyen auf der Seite der Regierung von Tripolis kämpfen, und am Kaukasus eroberten sie Teile von Bergkarabach im Namen Aserbaidschans. Ankara ist ein Machtfaktor in der Region, der es sich leisten kann, die USA und Europa zu brüskieren. Jedenfalls sind keine ernsthaften Konsequenzen zu befürchten. So kaufte das NATO-Mitgliedsland Türkei das russische Raketenabwehrsystem S-500 ungeachtet der Proteste aus Washington. Ankara schickte Zehntausende von Syrern an die griechische Grenze und löste damit eine europäische Flüchtlingskrise aus. Zudem erhebt die Türkei Ansprüche auf Gasvorkommen im Mittelmeer und droht, diese mit Gewalt selbst gegen europäische Staaten durchzusetzen.

Russland und die Türkei sind gute Beispiele für eine neue Art von Realpolitik. Ihre Truppen stehen sich in Libyen und Syrien als Feinde gegenüber und töten sich gegenseitig im Kampf. Trotzdem scheint die Beziehung zwischen Präsident Wladimir Putin und seinem türkischen Amtskollegen Erdoğan ungebrochen zu sein. Eigentlich befinden sie sich im Kriegszustand, aber man telefoniert und trifft sich regelmäßig zu Gesprächen. Statt Konfrontation beschließt man beim Abendessen militärische und wirtschaftliche Absprachen. Schließlich hat man ja auch Gemeinsamkeiten. Moskau und Ankara verstoßen mit ihren Militärinterventionen gegen internationales Völkerrecht, brechen UN-Waffenembargos und begehen Kriegsverbrechen bei Angriffen auf Krankenhäuser

und Zivilbevölkerung. Man braucht einander. Wenn zwei die Konventionen missachten, wird der Regelbruch ein Stück weit zur Normalität. »Die Beziehungen mit der Türkei entwickeln sich positiv«, sagte Putin nach ihrem letzten dreistündigen Treffen Ende September im russischen Badeort Sotschi am Schwarzen Meer. »Verhandlungen sind manchmal schwierig, aber wir können Kompromisse machen«, versicherte der russische Präsident. Auch Erdoğan lobte: »Es hat große Vorteile, die türkisch-russischen Beziehungen jeden Tag weiter zu stärken.« Eine zeitgenössische (real?) geopolitische Beziehung, könnte man sagen. Geprägt von Pragmatismus, so sachlich, wie man ihn kaum für möglich halten würde. Nun gut, auf dem Schlachtfeld schlägt man sich die Schädel ein, aber das ist lange noch kein Grund, sich wie ungehobelte Gegner zu benehmen. Es ist genug zum Teilen da. Das mag zynisch klingen, aber bisher sind Russland und die Türkei gut damit gefahren. Bis auf wenige Ausnahmen wurden militärische Eskalationen vermieden. Keiner musste substanzielle Einbußen in den Gebieten hinnehmen, in denen die Interessen beider Staaten kollidieren.

Taliban – USA: Eine Geben-und-Nehmen-Koalition

Und wie verhält es sich nun mit den Taliban und den USA? Wenn man Putin und Erdoğan als kaltblütige Monopoly-Spieler einstuft, dann setzt das Doha-Abkommen zwischen Weltmacht und radikalen Islamisten noch eins drauf. Es ist von jeder Verantwortungsethik, wie wir sie kennen, losgelöst. Die USA machten eine islamistische Terrororganisation zu einem strategischen Partner, der eine rivalisierende Terrorgruppe, nämlich den IS, bekämpfen soll und dafür ein Land mit 39 Millionen Menschen erhält. Vergleichbares hat es bisher nicht gegeben. Die Anschläge vom 11. September 2001 mit 2977 Toten, die eigentlich als eines der großen Traumata der amerikanischen Geschichte gelten, scheinen vergessen zu sein. Die USA und die NATO waren wegen 9/11 nach Afghanistan gekommen und hatten die Taliban von der Macht gebombt. Es

war Osama bin Laden, der die Anschläge während des ersten Emirats in den Jahren von 1996 bis 2001 geplant hatte, quasi unter der Schirmherrschaft der Taliban. Spricht man heute mit einem der Islamisten in Afghanistan, dann gilt 9/11 als der Tag, an dem Amerika seine gerechte Strafe erhielt.

Aber da ist noch mehr: Im Laufe ihres 20-jährigen »Befreiungskampfs gegen die Besatzungsmächte« in Afghanistan töteten die Taliban beinahe 4000 NATO-Soldaten, 1921 Amerikaner und 53 aus Deutschland. Rund 40 000 Zivilisten kamen ums Leben, Hunderttausende von Menschen mussten flüchten. Die internationale Staatengemeinschaft pumpte Billionen Euro nach Afghanistan. Nun regieren die Taliban wieder in Kabul.

Bis heute ist ihre Brutalität tief im kollektiven Gedächtnis Afghanistans eingemeißelt. Die ältere Generation erinnert sich noch an das erste Emirat, als die brutale Auslegung der Scharia mit öffentlichen Prügelstrafen, Amputationen und Massenhinrichtungen zelebriert wurde. Das islamistische Regime hatte damals auch Mädchen und Frauen im Visier. Sie durften weder in die Schule noch an die Universität gehen und blieben ans Haus gefesselt. Die jüngeren Afghanen – über 60 Prozent sind nicht älter als 25 Jahre – wuchsen mit dem Terror der Taliban auf. Die Islamisten töteten Tausende von unschuldigen Zivilisten. Eines ihrer mörderischsten Jahre war 2017. »Die Taliban führten schon lange Selbstmordattentate in Städten durch«, heißt es in einem Bericht von Human Rights Watch. »Aber 2017 gab es einen dramatischen Anstieg in Zahl und Ausmaß der Angriffe.« Die Taliban sind in diesem Jahr alleine für 1574 Tote und 2811 Verwundete verantwortlich. Wie perfide die Taliban töten können, zeigte ein Anschlag in Kabul. Ein mit Sprengstoff beladener Krankenwagen explodierte an einer belebten Kreuzung. 103 Menschen starben – wie üblich waren die meisten Zivilisten.

Am 12. März vor zwei Jahren im Luxushotel in Doha konnten sich Taliban und Washington noch auf keinen konkreten Truppenabzugsplan der Amerikaner einigen. Aber es wurden »große Fortschritte gemacht«, wie der US-Spezialgesandte Zalmay Khalilzad damals bekannt gab. Wie diese »großen Fortschritte« aussahen, wissen wir heute. Am

31. August hob die letzte Maschine mit amerikanischen Soldaten vom Flughafen Kabul ab, und das nach einer völlig abenteuerlichen Last-Minute-Evakuierung. Überschattet waren die chaotischen Ereignisse von einem Bombenanschlag des afghanischen Ablegers des IS. 92 Menschen starben, darunter 13 US-Soldaten. Der IS war die einzige Organisation, die den Abzug der Amerikaner stören wollte. Die Taliban beschützten die US-Truppen, die sie zwei Jahrzehnte lang mit allen Mitteln bekämpft hatten. Das Prinzip Geben und Nehmen der neuen Partnerschaft. Schließlich hatte das US-Militär den Taliban freie Bahn bei ihrer Offensive in Afghanistan gewährt. Die ganze Welt wunderte sich, dass die radikalen Islamisten eine Stadt nach der anderen eroberten und urplötzlich in Kabul auftauchten. Aber die US-Luftwaffe feuerte keine einzige Rakete auf die Taliban. Sonst wäre ihr Vormarsch nicht so zügig vorangekommen. Zudem soll die afghanische Armee in vielen Regionen Befehle erhalten haben, keine Gegenwehr zu leisten. »Es gab tagelang kaum etwas zu essen, meist nur Brot und Wasser«, erzählte ein Offizier der Spezialeinheit der Polizei aus Masar-e Scharif. »Als die Taliban anrückten, hieß es, wir sollten nicht kämpfen.«

Zumindest die Passivität der US-Truppen basiert auf dem Doha-Abkommen, das im Original eigentlich so heißt: »Abkommen über Frieden bringen nach Afghanistan zwischen den USA und dem Islamischen Emirat von Afghanistan, das von den USA als Staat nicht anerkannt und als Taliban bekannt ist.« Etwas gestelzt formuliert, aber es ist das Fundament eines Waffenstillstands, an den sich beide Unterzeichner bis heute halten, und das mit einer verblüffenden Konsequenz. Nach dem Abzug der letzten US-Soldaten konnten im September und Oktober weitere Flugzeuge mit amerikanischen Schutzbefohlenen aus Afghanistan ausfliegen.

Das Doha-Abkommen hatte die US-Regierung unter Präsident Donald Trump ausgehandelt, der für sein undogmatisches, ja rüpelhaftes Verhalten bekannt war. »Scheiß drauf, verhandeln wir mit diesen Islamisten. Hauptsache, wir kommen raus aus diesem verdammten Afghanistan«, könnte er gesagt haben. Mit seiner »America first«-Politik wollte

er möglichst viele Auslandseinsätze der US-Armee stoppen. Er schickte seinen Außenminister Mike Pompeo im November 2020 nach Doha, um mit der Taliban-Delegation zu verhandeln und den Sack endgültig dichtzumachen. Pompeo traf dort auf Mullah Abdul Ghani Baradar. Der Leiter des Politbüros der Taliban war 2018 aus pakistanischer Haft freigekommen, und das auf Initiative Washingtons. Nach einem Besuch des US-Spezialgesandten Khalilzad in Islamabad entließen die pakistanischen Behörden Baradar. Seine Freiheit war eine der Bedingungen der Taliban für den Beginn von Verhandlungen mit dem Weißen Haus. Die Trump-Verwaltung hatte schon zu einem frühen Zeitpunkt Kontakt zu den Taliban, um den Abzug der US-Truppen aus Afghanistan abzuwickeln.

Politchef Baradar blieb nicht der einzige entlassene Gefangene. Im August 2020 öffnete die afghanische Regierung die Gefängnistore für 4600 inhaftierte Taliban. 400 weitere folgten kurz danach. Aschraf Ghani, der damalige Präsident Afghanistans, unterschrieb am 14. August das Dekret für die letzten 400 Insassen. Dabei plagten ihn schwere Bedenken. »Sie waren Kriminelle, hatten Afghanen und Mitglieder der internationalen Gemeinschaft getötet«, sagte Ghani später. »Sie stellten ein gefährliches Risiko für den Frieden in Afghanistan dar.« Er setzte seine Unterschrift widerwillig unter das Dokument, und das aufgrund des Drucks der Trump-Regierung. Sie wollte Afghanistan ein für alle Mal loswerden, und das ging nur mit den Taliban – egal, um welchen Preis.

Zu den Mitgliedern der Taliban-Delegation in Doha gehörten die sogenannten »Taliban five«, fünf hochrangige Taliban, die die Amerikaner von 2002 bis 2014 im berüchtigten Gefängnis von Guantanamo inhaftiert hatten. Sie waren im Austausch mit US-Sergeant Bowe Bergdahl freigekommen, den die Taliban seit 2009 gefangen hielten. Die US-Delegation störte es wenig, sich mit Männern an den Tisch zu setzen, die »eine Gefahr für die nationale Sicherheit« sind. Die Amerikaner wussten natürlich, dass sie mit dem Doha-Abkommen Terroristen und ein islamistisches Regime an die Macht hievten. Generell hielt sich die Ent-

täuschung über den Untergang der afghanischen Regierung und ihrer Armee bekanntlich in Grenzen.

Für tiefes Stirnrunzeln sorgte nur das Tempo des Niedergangs der Verbündeten in Kabul. Eine Spanne zwischen 90 Tagen bis zu sechs Monaten hatte der CIA berechnet. »Die 300 000 Mann starke und exzellent ausgebildete Armee Afghanistans«, von der US-Präsident Joe Biden sprach, existierte nur auf dem Papier. Jeder Militärexperte wusste, dass es mit der Kampfbereitschaft eines Großteils der afghanischen Soldaten nicht weit bestellt war. Nur die 30 000 Mann der Spezialeinheiten waren in der Lage, wirklich Widerstand zu leisten. Aber die waren übers ganze Land verteilt, rieben sich hoffnungslos auf. Die gewöhnlichen Soldaten hatten schlechte Verpflegung und miesen Sold, der obendrein monatelang nicht bezahlt wurde. Wer riskiert dafür schon sein Leben? Und dann fliehen Präsident Ghani und andere Regierungsmitglieder Hals über Kopf aus dem Land.

Nun sitzen international gesuchte Terroristen in der neuen Regierung des islamischen Emirats. Dazu gehört beispielsweise Siradschuddin Haqqani, der neue Innenminister. Das FBI hat auf ihn ein Kopfgeld von zehn Millionen Dollar ausgeschrieben. In sozialen Medien wurde gewitzelt: »Nun muss Amerika ihn nicht mehr suchen :) :)« Der neue Innenminister ist die Nummer zwei in der Hierarchie der Taliban und die zentrale Figur des Haqqani-Netzwerks. Das ist eine seit Langem bekannte Terrororganisation, die ihre Basis in Nordwasiristan in Pakistan hatte. Das Haqqani-Netzwerk unterhält enge Beziehungen zu al-Qaida und ist für zahlreiche Bombenanschläge in Afghanistan mit vielen Hunderten von Toten verantwortlich. Schon bald soll die Scharia, das islamische Recht, wieder eingeführt werden. Das jedenfalls versicherte Mullah Nooruddin Turabi bereits im September in einem Interview. »Das Kabinett berät«, sagte der Mitgründer der Taliban und fanatischer Anhänger drakonischer Strafen. Für ihn ist Hände abhacken ein Garant der Sicherheit. »Das hat abschreckende Wirkung«, behauptete der über 60 Jahre alte Anführer, der im Kampf gegen die Invasion der Sowjetunion ein Auge und ein Bein verloren hat. Turabi

war im ersten Emirat bekannt dafür, die Tonbänder aus Musikkassetten zu reißen und an Bäumen aufzuhängen. »Alle haben uns damals für die öffentlichen Bestrafungen in Stadien kritisiert«, sagte Turabi. »Aber wir haben nie etwas über die Gesetze und Strafen anderer gesagt.« Heute dürfe sich niemand mehr in die Gesetze des Emirats einmischen, bekräftigte der Mullah. »Wir folgen dem Islam und werden unsere Gesetze gemäß dem Koran machen.«

Vor Ort: Die Taliban geben sich freundlich

»Foto, Foto«, rufen die Bewaffneten und stoppen den Wagen am Checkpoint auf dem Weg nach Masar-e Scharif, wo die Bundeswehr einst ihren Stützpunkt hatte. Die Taliban schießen Dutzende von Bildern mit den Ausländern unter einer riesigen Arkade aus Beton, die über die mehrspurige Verbindungsstraße reicht. Einer der Straßenposten, dem kein richtiger Vollbart wächst und der nur einen flaumigen Schnauzer hat, gackert jedes Mal wie ein Kind, wenn das Klicken der Handykamera ertönt. Am Kontrollpunkt liegen zertretene Zigarettenschachteln am Boden, die man Autofahrern abgenommen hatte. »Rauchen ist schlecht für die Gesundheit«, sagt der Mann mit dem mickrigen Bartwuchs und lacht schelmisch. »Aber Sie dürfen selbstverständlich rauchen«, erklärt er dann. »Sehen Sie, wir sind nicht so schlimm, wie die meisten denken.«

Tatsächlich sind die Taliban bisher noch toleranter als ihr Ruf – und das nicht nur gegenüber Ausländern. Sie haben das soziale Leben noch nicht komplett reglementiert. Die Menschen im Souk von Masar-e Scharif äußern sich verblüffend offen. »Die Taliban waren schon immer Terroristen und werden es auch bleiben«, schimpft ein Ladenbesitzer, der Mehl und Öl verkauft. Frauen müssen keine Burka tragen und können ihr Gesicht offen zeigen. In den Schischa-Bars der drittgrößten Stadt des Lands rauchen junge Männer noch immer ihre Wasserpfeifen. Sogar die neue Religionspolizei stellt sich bei den Markthändlern freundlich

vor. Sie belässt es bei Ratschlägen für islamisch-korrektes Benehmen, anstatt ihre Ideologie mit Stockschlägen einzubläuen.

Die netten Taliban von nebenan entsprechen dem Narrativ, das die Führung seit der Machtergreifung propagiert. Sie präsentieren sich als eine Version Taliban 2.0, die für einen »Islam light« steht. Allerdings glaubt ihnen das kaum jemand. »Die Taliban versprechen das Blaue vom Himmel, nämlich einen moderaten Islam«, sagt der Journalist Said Mohammed Ashemi vor einem Schreibwarenladen in der Innenstadt von Masar-e Scharif. »Man darf ihnen nicht glauben.« Er hatte für die Website des ehemaligen Präsidenten Ghani geschrieben. Nun ist Ashemi auf der Flucht vor den Islamisten. »Ich bleibe höchstens einen Tag am selben Ort«, erzählte der 45-Jährige, dessen Hände nervös zittern. Er trägt einen blauen, medizinischen Mundschutz, aber nicht wegen Corona. Ashemi will unerkannt bleiben. Er fürchtet um sein Leben.

Die Taliban brauchen ein positives Image, besonders im Westen. Denn sie stehen vor einem Berg von Problemen, die sie alleine nicht lösen können. Der Welthungerhilfe zufolge haben heute 14 Millionen Afghanen zu wenig zu essen, und jeden Tag werden es mehr. Bargeld fehlt massiv. Es gibt kaum Jobs. Die wirtschaftliche Krise in einem der ärmsten Länder der Welt spitzt sich zu. Wer in öffentlichen Einrichtungen arbeitet, hat seit zwei Monaten keinen Lohn erhalten. Afghanistan ist pleite. Die Währungsreserven in Höhe von neun Milliarden Dollar haben die USA eingefroren. Nur die Wiederaufnahme internationaler Hilfen könnte das Land retten. Aber die ist bisher nur punktuell beschlossen, um das Schlimmste zu verhindern. Eine umfassende Unterstützung ist an Bedingungen geknüpft, die die Taliban nicht akzeptieren wollen. Dazu gehören eine inklusive Regierung, Garantien für uneingeschränkte Bildung, Meinungsfreiheit, Menschen- und insbesondere Frauenrechte. Not und Elend wachsen. Die Islamisten können erfolgreich Krieg führen. Aber ein Land verwalten, das müssen sie erst noch lernen – und dazu bleibt keine Zeit. Die Menschen brauchen sofort Lösungen. Sie haben Angst um ihre Existenz, und die Verzweiflung ist groß.

Die Menschen in Afghanistan kämpfen ums Überleben

Hunderte von ihnen drängen sich vor einer Filiale der Azizi Bank in Masar-e Scharif. Jeder wartet darauf, dass der Bankangestellte seinen Namen durchs Megafon aufruft. Nur dann dürfen sie in die Bank, um Geld abzuheben. »Wer ein Dollarkonto hat, kann 200 Dollar pro Woche erhalten«, erläutert der Bankdirektor. »Wer eines mit einer afghanischen Währung besitzt, bei dem sind es umgerechnet 130 Dollar.« Der Lärm der Straße – das laute Megafon-Gebrüll und die Schreie der Wartenden – erfüllt das riesige Büro des Direktors, in dem ein riesiger, glänzender Schreibtisch und mondäne weiße Polstermöbel stehen.

Obwohl die Auszahlungen limitiert sind, reicht das Bargeld nicht. »Wir bräuchten jeden Tag mindestens 20 000 Millionen Afghani, aber die Zentralbank liefert nur fünf Millionen Afghani«, versucht sich der Bankdirektor zu rechtfertigen. »Fragen Sie mich nicht, warum. Ich weiß es nicht«, sagt er und zuckt mit den Schultern. »Es ist sicher nicht unsere Schuld.« Auf dem Weg aus dem Büro ruft er: »Und nennen Sie nicht meinen Namen, verstanden!« Draußen auf der Straße wird die Menge immer ungeduldiger. Sie warten schon seit Stunden. Für sie dauert es eine gefühlte Ewigkeit, bis einer nach dem anderen an der Reihe ist und in der Bank sein Geld holen kann. »Ich bin schon den zweiten Tag hier und immer noch nicht drangekommen«, sagt einer der Männer. »Und dann reicht das Geld nicht, das sie uns geben. Wir sind acht Personen zu Hause.« Ein anderer reiste aus einem Dorf der Umgebung an. »Seit vier Tagen komme ich wieder und wieder zur Bank, aber sie lassen mich nicht rein«, sagt er erbost. Ein anderer ruft: »Die Wut auf die Taliban ist groß, aber auch auf die alte Regierung. Das Volk lebt im Elend, und die hat sich aus dem Staub gemacht.« Er spielt damit auf Präsident Aschraf Ghani an, der vor den heranrückenden Taliban ins Ausland flüchtete. Gerüchte behaupten, er habe das Land mit Koffern voller Geldscheine verlassen.

»Die Korruption der alten Regierung war enorm«, sagt ein älterer Herr. »Die Welt hat den Taliban den Geldhahn zugedreht. Wie soll es

weitergehen ohne Hilfe aus dem Ausland, ohne Devisen, und die Auslandskonten eingefroren?« Er schüttelt voller Unglauben den Kopf. Bei all dem Ärger und Zorn, die die Menschen vor der Azizi Bank in sich tragen, in ihren Gesichtern erkennt man blanke Verzweiflung. Die Väter und Mütter wissen nicht, was sie ihren Kindern morgen oder übermorgen zum Essen auf den Tisch stellen sollen. Dabei können diese Eltern vielleicht 100 Dollar oder sogar 200 Dollar im Monat von der Bank abheben. Viele andere haben gar keine Ersparnisse. Und Geld zu verdienen, ist besonders für die Armen der Armen immer schwieriger. Kaum einer findet noch Arbeit.

»Wir wollen in Frieden leben.« Das hatte Taliban-Sprecher Sabihulla Mudschahid schon auf der ersten Pressekonferenz im August nach der Einnahme Kabuls verkündet. Man will keine inneren und äußeren Feinde mehr, würde eine inklusive Regierung bilden und die Rechte der Frauen respektieren. Bisher blieben das nur leere Versprechungen. Denn nichts davon ist eingetroffen. Im Gegenteil. In der neuen Regierung sitzen ausschließlich Taliban-Honoratioren. Frauen dürfen nur arbeiten, wenn sie unentbehrlich sind, etwa als Hebamme und Krankenschwester. Der Rest soll zu Hause bleiben. Mädchen ab zwölf Jahre dürfen nicht mehr in die Schule gehen. Und Feinde? Die Taliban schicken immer neue militärische Verstärkung ins Pandschir-Tal. Der Widerstand um Ahmad Massoud soll dort vernichten werden, der für ein modernes, demokratisches Afghanistan eintritt. Es gibt Berichte von Folter, Entführungen und Hinrichtungen von Einwohnern des Pandschir-Tals. Massouds Vater war der legendäre Führer Ahmad Schah Massoud, der die Taliban bereits in den 1990er-Jahren bekämpfte. Al-Qaida-Terroristen, die sich als TV-Journalisten ausgaben, töteten ihn zwei Tage vor den Anschlägen am 11. September 2001. Am Jahrestag seiner Ermordung verwüsteten die Taliban sein Grab im Pandschir-Tal.

»Jeden Tag wird es schlimmer, ich habe Angst«, lauten die Hilferufe, die verzweifelte Afghanen immer wieder über den Nachrichtendienst WhatsApp verschicken. Tatsächlich mehren sich die Meldungen über Repressionen. In Herat haben die Taliban vier Männer erschossen und

an Kränen öffentlich zur Schau gestellt. In Helmand ist es Friseuren verboten, Bärte zurechtzuschneiden. In Kabul wurde ein junger Mann verprügelt, weil er westliche Jeans trug. Im Radio sind keine Frauenstimmen mehr zu hören. Islamisten zerstören die Instrumente von Musikern. Taliban mischen sich warnend unter Hochzeitsgesellschaften, auf denen traditionell zu Musik getanzt wird – nach Geschlechtern getrennt, versteht sich. Musik gilt den Taliban als anrüchig. In diesen Fällen spielen bigotte Islamisten voreilig Sittenwächter und Rächer für Gerechtigkeit. Man erkennt, was die wahre Seele der Islamisten ausmacht, und es ist nur eine Frage der Zeit, bis die Taliban ihr wahres Gesicht zeigen.

Vor Ort: Ortskräfte müssen bleiben

Ungeklärt ist noch das Schicksal der Ortskräfte, der »Schutzbefohlenen«, die die NATO-Länder zurückließen. Die USA haben sehr viele ihrer lokalen Mitarbeiter bereits ausgeflogen, und noch mehr sollen folgen. Deutschland hat dagegen nur einen Bruchteil mitgenommen. Bis zum letzten Tag im August hatten die deutschen Behörden insgesamt 138 Mitarbeiter plus 396 Familienmitglieder vor den Taliban gerettet. Dabei sind es weit mehr, die direkt oder über Subfirmen für Bundeswehr und die Deutsche Gesellschaft für Internationale Zusammenarbeit, kurz GIZ, über die Jahre gearbeitet haben.

Hamidull ist einer von ihnen. Er schuftete acht Jahre in der Wäscherei der Bundeswehr. »Wir hatten rund 1200 Waschmaschinen, um jeden Tag die Uniformen, Hemden, T-Shirts und die Unterwäsche der Soldaten zu waschen und zu trocknen«, berichtet der 29-Jährige. »Aber zum Bügeln war das zu viel«, fügt er hinzu. »Das taten wir nur für die hohen Offiziere.« Hamidull hätte ebenfalls gerne in einem der Flugzeuge nach Deutschland gesessen. »Aber niemand kümmerte sich um mich«, sagt er frustriert und liefert eine mögliche Erklärung: »Ich war nicht direkt von den Deutschen angestellt, sondern von einem Unterneh-

men aus Mazedonien, das die Bundeswehr beauftragt hatte.« Deshalb habe man ihm wahrscheinlich seine Ausreisepapiere verweigert.

Hamidull fühlt sich im Stich gelassen. Nun ist sein Leben in Gefahr. Bei der Firma aus Mazedonien hatte er 900 Kollegen, die wie er bis zum Schluss auf der deutschen Militärbasis arbeiteten. Auch sie konnten nicht ausreisen, sagt er. Hamidull hat eine dicke Akte mitgebracht, die voll mit Auszeichnungen und Dankesschreiben aus seiner Arbeitszeit im Camp Marmal ist. Darunter auch eine Urkunde mit der Unterschrift von Generalmajor Hartmut Renk, dem Kommandeur des »Train, Advise and Assist Command North« (TAAC) von 2015 bis 2016 in Afghanistan. Aber davon hat Hamidull heute wenig. Er fühlt sich verraten und verkauft.

Ein anderer Fall ist Rahmanullah. »Ich habe 90 Prozent aller Wohnungscontainer der Deutschen im Camp Marmal zusammengebaut«, erzählt der heute 38-Jährige. Er hat insgesamt zehn Jahre für die Bundeswehr gearbeitet und das 16-köpfige Team des Containerwohnungsbaus geleitet. »Die Unterkunft eines einfachen Soldaten war 2,40 mal sechs Meter groß. Die von Offizieren war dreimal so groß«, sagt Rahmanullah. »Oskar« nannten ihn die deutschen Soldaten. Der afghanische Oskar hatte ein besonders gutes Verhältnis zu Hans, dem Elektriker der Bundeswehr, und auch zu Kranführer Peter. »Als ihre Dienstzeit ablief und sie zurück nach Deutschland mussten, haben sie geweint«, erinnert sich Rahmanullah wehmütig.

Natürlich würde er gerne weg aus dem islamischen Emirat der Taliban. »Es ist nur eine Frage der Zeit, bis sie Jagd auf uns machen«, versichert Rahmanullah. Aber alles kein Problem, wenn man den Aussagen des Außenministers Heiko Maas Glauben schenkt. Der Containerbauer, der Mann aus der Wäscherei und alle anderen Zurückgelassenen müssten nur in eine der Botschaften der Bundesrepublik in einem der Nachbarländer Afghanistans, und schon werde ihnen geholfen. Klingt gut, aber Maas hat die Realität übersehen. Erstens ist es nicht einfach, Visa für die Ausreise zu bekommen, viele haben keinen gültigen Pass, und dann ist da noch die Liste des Auswärtigen Amts. Wer nicht erfasst ist, be-

kommt kein Visum. Wie diese Liste zustande kam, weiß außer dem Amt niemand. Jedenfalls fehlen die Namen von Hunderten von Menschen, deren Leben gefährdet ist. »Mein Vater hat für die GIZ gearbeitet, und die Taliban haben ihn getötet«, schreibt Kamaluddin auf WhatsApp. »Nun bin ich der Nächste, weil ich ebenfalls für die GIZ gearbeitet habe. Bitte helfen Sie mir.« Der junge Mann hat an das Auswärtige Amt und an die GIZ geschrieben und nie eine Antwort erhalten. Keine Nachricht, dass sein Gesuch abgelehnt wurde noch dass die Bundesregierung die Rückführung gefährdeter Afghanen gestoppt habe.

Pommes, Bier und Fleisch vom Grill. Das stand jedes Jahr auf der Speisekarte, wenn die Bundeswehr im Camp Marmal, ihrem Stützpunkt bei Masar-e Scharif, den Tag der Deutschen Einheit feierte. »Das war immer besonders schön«, erinnert sich Mohammed Sayed (Namen aus Sicherheitsgründen geändert), der für deutsche Offiziere und Soldaten als Übersetzer arbeitete. »Alles war feierlich, denn Botschafter anderer Länder kamen angereist und auch Gouverneure aus verschiedenen Provinzen Afghanistans«, erzählt Mohammed mit wehmütigem Gesichtsausdruck. Er hätte dieses Jahr gerne wieder am 3. Oktober mit den deutschen Kameraden gefeiert. Aber im Camp Marmal wird es keinen Tag der deutschen Wiedervereinigung mehr geben. Die Bundeswehr ist am 29. Juni endgültig aus Afghanistan abgezogen und ließ ihre größte Militärbasis am Fuße des Hindukusch verwaist zurück.

Auch Mohammed und so viele andere ihrer Mitarbeiter. Der Übersetzer der Bundeswehr ist hin- und hergerissen. Er kann den Abzug der Bundeswehr noch immer nicht fassen. Er ist schwer enttäuscht von den Menschen, die für ihn Kameraden und Freunde waren. »Mitten in der Nacht bekomme ich Drohanrufe. Ich habe Angst«, sagt Mohammed. Er fühlt sich von der Bundeswehr im Stich gelassen. »Verraten ist das bessere Wort«, verbessert er frustriert.

Deutschland, die USA und alle NATO-Partner haben Afghanistan und seine Bewohner einem ungewissen Schicksal unter der Herrschaft der Taliban überlassen. Alle wollen nun Verantwortung zeigen, indem sie der Zivilbevölkerung Hilfe zukommen lassen. Humanitäres Face-

lifting – so könnte man das nennen. Die Not wird gelindert, aber die Taliban und ihr repressives Islamregime bleiben. Und was ist mit dem Terrorismus, der einst die NATO ins Land brachte? Man vertraut anscheinend den USA und ihrem Doha-Friedensabkommen. Die Taliban sollen als verlängerter Arm Washingtons den IS bekämpfen, die Bedrohung Nummer eins in den Augen der NATO. Pressemeldungen zufolge soll es bereits zu Kooperationen zwischen Taliban und CIA-Geheimdienst gekommen sein. Eine unheilige Allianz, sollte man meinen. Hatte nicht das Who's who der internationalen Dschihadistenszene den Taliban zum Abzug der US-Truppen gratuliert, zum »großen Sieg« über das übermächtige Amerika? Zu den Gratulanten gehörten das Terrornetzwerk al-Qaida, Hay'at Tahrir al-Sham (HTS) aus Nordsyrien, die radikale Hamas im Gaza-Streifen, Somalias al-Shabaab und die Dschihadisten von Jama'at Nusrat al-Islam wal-Muslimin (JNIM) aus Mali. Ihr Anführer Iiyad Ag Ghaly sagte: »Wir gewinnen.«

Afghanistan ist für die Extremisten ein Fanal, wie eine Booster-Impfung für ihre Moral: Der Endsieg des Islams ist machbar, Herr Nachbar! Das islamische Emirat Afghanistan hat dem internationalen Dschihad einen Motivationsschub verpasst. Radikale Islamisten aus aller Herren Länder sollen bereits auf dem Weg nach Afghanistan sein. Die Taliban haben sich zwar verpflichtet, es gibt keine Angriffe von ihrem Territorium auf Ziele im Westen. Das mag vielleicht tatsächlich so sein. Aber Erfahrungen in anderen Ländern, Regionen und Gebieten unter der Kontrolle von Islamisten haben gezeigt, dass sie zum Rückzugsgebiet und Trainingshub für Gleichgesinnte werden. Afghanistan dürfte keine Ausnahme darstellen. Die Taliban und ihr militärisches Know-how sind eine begehrte Ressource. So oder so wird der Wissenstransfer zu den »Brüdern im Kampf für den Islam« stattfinden.

Es sieht kaum so aus, als hätten die USA alle Konsequenzen bedacht, als sie das Abkommen in Doha unterzeichneten und die Details aushandelten. Es wäre auch nicht das erste Mal. Die ultrakonservativen Taliban zeigten sich damals schon überraschend tolerant. Sie störten sich weder am kurzen Kleid der Pianistin noch an den Halbnackten, die

draußen vor dem Fenster ständig in den Swimmingpool sprangen. Die Mullahs hatten ein klares Ziel vor Augen und ließen sich von Nebensächlichkeiten nicht abbringen. Sie sind die alten und neuen Herrscher in Afghanistan.

Anmerkung:

Alfred Hackensberger reiste mit einem Filmteam vor einigen Wochen durch Afghanistan. Seine eindrucksvolle TV-Dokumentation darüber ist im Archiv von Welt/N24 zu finden.[1]

---

1 https://www.welt.de/sonderthemen/tv-dokus/video234740592/WELT-Doku-Unterwegs-im-Land-der-Taliban.html

WANN SIND SIE EINMAL EINE UNGEWÖHNLICHE KOALITION EINGEGANGEN?

Martin Delius

Wenn 0 und 1 zusammenkommen. Es ist zehn Jahre her, dass ich für die Piratenpartei in das Berliner Abgeordnetenhaus eingezogen bin. Damals kam eine »Ein-Themen-Partei«, die sich selbst gerne als aus dem Internet kommend bezeichnete, auf zehn Prozent der Stimmen und zog zum ersten Mal in ein Landesparlament ein. Nerds waren in die etablierte Politik eingedrungen. Und Nerds waren wir. Eine Frau und 14 mehr oder weniger junge Männer, alle weiß und alle mit einem großen gemeinsamen Nenner. Einem teils erlernten, teils intuitiven Verständnis von den zwangsläufigen gesellschaftlichen Umbrüchen, die die rasante technologische Entwicklung, die Automatisierung, die Vernetzung von Menschen, Maschinen und Daten mit sich brachten.

Damit ausgestattet standen wir nun in diesem hohen Haus und meinten, es müsse doch möglich sein, ein kleines Stück von diesem Verständnis, von den Gefahren, aber auch den Möglichkeiten, die wir sahen, in die etablierte Politik einzupflanzen. Rückblickend lässt sich sagen: Das ist uns gelungen. Das Land Berlin hat in den Jahren 2011 bis 2016 maßgebliche Weichenstellungen in den Bereichen E-Government, Informationsfreiheit und Datenschutz, Open Access und Open Educational Resources (OER) vorgenommen. Natürlich geschah das nicht, weil wir als Oppositionsfraktion einfach einen guten Antrag nach dem anderen gestellt haben oder weil wir die besseren Argumente hatten. Es geschah, weil es uns gelungen war, Koalitionen zu bilden, die nicht allein dem politischen Kalkül entsprachen.

Um zum Beispiel die damalige Große Koalition davon zu überzeugen, sich mit OER zu beschäftigen, mussten wir gemeinsam mit Haushalts- und Bildungspolitiker*innen herausarbeiten, dass wir Teilhabe fördern, Arbeitsbelastung für Lehrkräfte verringern und gleichzeitig die mächtigen Schulbuchverlage einbeziehen können. Wir mussten lernen, was vielen in der Szene, aus der wir kamen, bis heute schwerfällt.

Wir mussten andere Perspektiven verstehen lernen und – ganz wie auch bei echten Koalitionsverhandlungen – die Brücke zu unseren Vorstellungen schlagen, ohne dabei das Ziel und unsere Haltung aufzugeben.

Haben wir vor zehn Jahren noch darüber diskutieren müssen, ob Verwaltung und Politik eine aktive Rolle im digitalen Wandel einnehmen sollten, die über die Anschaffung von Überwachungstechnologien hinausgeht, so ist es inzwischen zu einem breiten gesellschaftlichen Konsens geworden. Unter den Stichworten »Verwaltungsdigitalisierung«, »digitale Bildung« und »digitaler Gesundheitsschutz« hat sich in den letzten Jahren aber gezeigt, dass bis heute noch immer teilweise völlige Ahnungslosigkeit herrscht, wenn es um konkrete digitale Projekte geht.

Dass die Luca-App bis heute durch die öffentliche Hand finanziert wird, obwohl sie vor Fehlern und Mängeln der IT-Sicherheit nur so strotzt, dass der digitale Führerschein überhaupt als offensichtliche Wahlkampfaktion und so stümperhaft produktiv geschaltet werden konnte, dass die Länder, statt für stabile digitale Lernplattformen zu sorgen, nun flächendeckende digitale Zeugnisse mit Blockchain als Priorität erkannt haben, zeigt meiner Erfahrung nach nur umso deutlicher: Es braucht in den Verwaltungen dringend Menschen mit einer pragmatischen und Technik-kritischen Perspektive der digitalen Gesellschaft.

Ich bin vor etwa fünf Jahren selbst in die Verwaltung gegangen und darf heute Digitalisierung für die Kulturlandschaft Berlins steuern. Es lohnt sich für alle, die etwas zum Internet, zu Blockchain oder KI zu sagen haben, auf die Verwaltungen zuzugehen, ob als private Akteur*innen in der Beratung und beim Projektmanagement oder – wie ich – als Angestellte. Andernfalls überlassen wir das Feld den digitalen Glücksrittern und jenen, die digitales zivilgesellschaftliches Engagement kriminalisieren und bekämpfen.

Natürlich gehören zu einer Koalition immer mindestens zwei willige Parteien, und so wünsche ich einer neuen Regierung die Offenheit und den Weitblick, auch die Koalition mit der digitalen Gesellschaft einzugehen.

Es ist meine Überzeugung, dass progressive Veränderung nur möglich ist, wenn Regierungen, Verwaltung und Aktivist*innen Seite an Seite um die besten Lösungen ringen.

Islandtief (1)

SCHWIMMEN IN DER TIMELINE

Die Berit-Glanz-Kolumne

Vor einigen Tagen war ich in der Blauen Lagune *(Bláa Lónið)*, die sich im Südwesten Islands befindet und eines der beliebtesten Ziele für die Besucher der nordatlantischen Vulkaninsel ist. Die Lagune liegt in einem einsamen Lavafeld, das während eines Vulkanausbruches im 13. Jahrhundert entstand und *Illahraun* (»schlimme Lava«) genannt wird. Der Name ist ziemlich treffend für die große Fläche, deren steinige Oberfläche so scharfkantig und brüchig ist, dass man sie nur schwer passieren kann. Die Touristenattraktion ist noch recht jung, da sie als Nebenprodukt eines Geothermie-Kraftwerks entstand, das erst Ende der 1970er-Jahre gebaut wurde.

Das Kraftwerk pumpt mit mehreren Pumpen aus bis zu zwei Kilometern Tiefe kochend heißen Wasserdampf an die Oberfläche, der für Stromerzeugung und Fernwärme verwendet wird. Das abgekühlte Abwassergemisch aus Meerwasser und Süßwasser wurde mit Aufnahme des Betriebs in das Lavafeld geleitet, wo es mit der Zeit einen Badesee bildete. Der hohe Kieselsäuregehalt des Wassers sorgt für eine leuchtend milchig-blaue Farbe des Sees, dessen knapp 40 Grad heißes Wasser in die kalte Polarluft dampft. Ende der 1990er-Jahre wurde daraus ein großes Thermalfreibad, das sich rasch zu einer der wichtigsten Touristenattraktionen Islands entwickelt hat.

Der Tourismus ist eine wichtige Einnahmequelle der Insel und spielte eine entscheidende Rolle für die Erholung der lokalen Wirt-

schaft nach der großen Krise von 2008. Allerdings begann nach Jahren des beinahe ungebremsten Wachstums der internationale Hype um die Insel bereits ab 2017 etwas abzuflauen. Die Pandemie hat den Sektor noch empfindlicher getroffen, mit einer Abnahme der Besucherzahl um 80 Prozent im Jahr 2020.

In den letzten Monaten reisen jedoch wieder mehr Touristen nach Island, das von vielen aufgrund der hohen Impfquote als relativ sicheres Reiseland eingeschätzt wird. Und so war auch die Blaue Lagune bei meinem letzten Besuch gut gefüllt mit Menschen, deren Köpfe wie die von Seehunden aus dem warmen Wasser ragten. Die Luft war an diesem Herbsttag schon sehr kühl, sodass sich besonders dicke Dampfschwaden über der undurchsichtigen Wasseroberfläche bildeten.

Ich habe die Blaue Lagune in den letzten Jahren nicht sehr oft besucht, was vor allem daran lag, dass es zur Hochphase des Tourismusbooms ein Buchungssystem für die begehrten Plätze gab und die Eintrittspreise von Jahr zu Jahr erhöht wurden. Das letzte Mal war ich vor etwas mehr als einer Dekade in dem Thermalbad, und schon damals fand ich es amüsant, zu sehen, wie die Badenden mit ihren weiß beschmierten Gesichtern langsam umherwateten und -schwammen. Es ist ein entscheidender Bestandteil des Besuches der Lagune, sich eine Maske aus Kieselsäureschlamm aufzutragen, die eine heilende Qualität haben soll und den badenden Besuchern aus einem großen Topf mit dem Löffel in die Hand gestrichen wird, was dem Ganzen den Charakter einer Kombination aus Kantinenspeisung und Kosmetikbehandlung gibt.

Als ich an diesem Oktobertag vor leicht beschlagenem Spiegel die weiße Paste großzügig in meinem Gesicht verteilte und dabei die Menschen im Bad hinter mir beobachtete, wie sie in den Dampfschwaden verschwanden und wieder auftauchten, begann ich über das Gesetz des sich beschleunigenden Nutzens nachzudenken, das von Vorstellungen eines exponentiellen technologischen Wachstums im Zeitalter der Digitalisierung entscheidend geprägt ist. Der Ther-

malbadbesuch, den ich eine Dekade zuvor noch als ausgesprochen körperliche und an den konkreten Ort gebundene Erfahrung wahrgenommen hatte, war mittlerweile zu einer Art Zwischenort zwischen dem realen und dem virtuellen Raum geworden – ein Zeichen des fundamentalen technologischen Wandels.

Bei meinem letzten Besuch in der Blauen Lagune war Instagram noch brandneu. Die Plattform wurde erst im Oktober 2010 auf den Markt gebracht, und auch die Handykameras waren damals noch nicht ansatzweise so gut, wie sie es heute sind. Man sagt, dass ein Menschenjahr sieben Hundejahren entspricht. Passt man diese lineare Gleichung auf eine als exponentiell gedachte technologische Entwicklung an, in der sich der technologische Fortschritt jedes Jahr verdoppelt, dann würden zehn Menschenjahre 1024 Technikjahren entsprechen. Ich befand mich also aus einer technologischen Perspektive betrachtet eine halbe Ewigkeit entfernt von meinem letzten Besuch an diesem Ort.

Das technologische Jahrtausend, das mich von meinen Erlebnissen in der Blauen Lagune eine Dekade zuvor trennte, erschien mir besonders deutlich, als ich die in Dampfschwaden umgebenden anderen Badenden betrachtete. Die allermeisten trugen Plastikschutzhüllen, in denen ihre Smartphones sicher verpackt waren, fotografierten und filmten sich fortlaufend. Eine junge Italienerin wandelte in dem brusthohen Wasser videochattend an mir vorbei und beschrieb enthusiastisch ihr Erlebnis für eine Person, die aus der Ferne zuschauen durfte.

Unter dem Hashtag #BlueLagoonIceland finden sich auf Instagram über 100 000 Bilder von Menschen, die sich in dem Thermalfreibad inszenieren. Auf Instagram verbreitete Aufnahmen aus der Blauen Lagune sind neben einigen anderen isländischen Schauplätzen entscheidender Bestandteil an der seit über einer Dekade anhaltenden Beliebtheit der Insel bei Reise-Influencern und Privatpersonen. Die isländische Natur ist auf Instagram außergewöhnlich attraktiv und motiviert immer neue Reisende, zu den beliebten

Orten zu reisen, die sie bereits in den sozialen Medien kennengelernt haben.

Ungefähr eine halbe Milliarde Menschen öffnen täglich die Instagram-App und scrollen durch die Unmengen an Bildern, die ihre Timelines fluten. Da Menschen sich auf diesen Aufnahmen besonders gerne an aufregenden und ästhetisch beeindruckenden Orten inszenieren, ist in den letzten Jahren ein Phänomen entstanden, das als Instagram-Tourismus bezeichnet wird. Die auf der Plattform geteilten Bilder sind nicht nur das Geschäft zahlreicher Influencer oder das Privatvergnügen normaler User, sondern ein handfester Wirtschaftsfaktor und Teil der touristischen Markenbildung in den sozialen Medien.

Fotografie und Tourismus sind schon seit dem 19. Jahrhundert als Phänomene miteinander verknüpft, und es gibt zahlreiche Studien, die die Entstehung eines touristischen Blicks und seine Wechselwirkungen mit der frühen Fotografie untersuchen. Die visuelle Verarbeitung und Verbreitung ist Teil des touristischen Konsums dieser »sehenswürdigen« Orte. Der Soziologe John Urry hat dieses Phänomen in *The Tourist Gaze 3.0* als eine Art hermeneutischen Zirkel touristischer Bildproduktion beschrieben, bei dem die Reisenden die Bilder vor Ort reproduzieren, die sie bereits zuvor konsumiert haben.

Auch bei meinem Besuch in der Blauen Lagune beobachtete ich interessiert, wie die Vielzahl der Anwesenden immer wieder ähnliche Aufnahmesituationen produzierte. Mit den Körpern bis zur Brusthöhe vom hellblauen Wasser verborgen, wird ein Bildausschnitt gewählt, der möglichst wenige andere Menschen beinhaltet. Die Blickachse wird soweit möglich abgewendet von den menschengemachten Gebäuden des Bades hin zu einem Hintergrund aus Lavasteinen.

Es ist in den letzten Jahren zu einem eigenen beliebten Online-Phänomen geworden, diese touristischen Selbstinszenierungen zu entlarven, wenn die Bilder einsamer Menschen in szenischer Land-

schaft Weitwinkelaufnahmen gegenübergestellt werden, die zeigen, wie unzählige Menschen versuchen, ähnliche Aufnahmen zu produzieren oder in langen Schlangen stehen, um sich nacheinander in scheinbar einsamer Natur abbilden zu lassen. Der populäre Account *Boyfriends of Instagram* zeigt beispielsweise nur Bilder und Clips, in denen die harte Arbeit der Bildproduktion für Instagram sichtbar wird.

Auch in der Blauen Lagune wirkte die fotografische Dokumentation des eigenen Erlebens auf mich teilweise ziemlich anstrengend. Immerhin mussten die in Plastik vor Spritzwasser geschützten Smartphones während des Besuches vorsichtig über der Wasseroberfläche gehalten werden, und auch die anhaltende Suche nach guten Bildausschnitten machte einen ganz anderen Eindruck, als die auf den Bildern inszenierte Tiefenentspannung suggeriert, die man unter dem Hashtag #BlueLagoonIceland auf Instagram finden kann.

Es wäre nun jedoch ein Leichtes, in kulturpessimistisches Händeringen zu verfallen und einen Schwanengesang auf ein vermeintlich authentisches Naturerleben zu komponieren, aber eine solche Litanei würde ignorieren, dass es bei touristischem Erleben schon immer auch darum ging, die Vergänglichkeit kurzer Momente durch ihre Dokumentation in Bildern und Videoaufnahmen dem Lauf der Zeit zu entreißen. Erinnerst du dich noch an damals, als wir die Tauben auf dem Trafalgar Square gefüttert haben, oder an diese Pizza in Capri? Solche auf das rein Dokumentarische reduzierten Vorstellungen touristischer Fotografie sind inzwischen in der Tourismusforschung zugunsten einer performativen Wende verabschiedet worden. Der Kulturanthropologe Orvar Löfgren schreibt in *On Holiday. A History of Vacationing* bereits 1999, dass die kreative Produktion der touristischen Bilder ein eigener Teil des Erlebens ist. Der Akt des touristischen Fotografierens wird aus dieser Perspektive zu einem Freude auslösenden Selbstzweck. Die Suche nach guten Bildausschnitten, die performative Umsetzung des touristischen Blickes ist für den touristischen Genuss zentral.

Die Dokumentation des individuellen Reiseerlebnisses und das theatrale Spektakel touristischer Selbstinszenierung sind also nicht neu. Aber warum wirkt mein Erleben der Blauen Lagune im Jahr 2021 auf mich so, als würde zwischen meinen Besuchen nicht eine Dekade, sondern ein technologisches Jahrtausend liegen? Der für mich auffälligste Unterschied war, dass die Dokumentation und die Inszenierung mittlerweile in einem Moment drastischer Verdichtung quasi zeitgleich stattfanden. Die touristischen Bilder werden simultan zur Inszenierung im eigenen Account abgespeichert. Das Erlebte wird nicht erst verzögert nach der Reise präsentiert, sondern im Moment des Erlebens in Livestreams oder Videochats geteilt.

Mit dem Reinszenieren populärer Bildmotive positionieren sich die Badenden, noch während sie sich am realweltlichen Ort befinden, direkt im sozialmedialen Bedeutungsgewebe. Die Blaue Lagune wird zeitgleich zu einem virtuellen Erlebnisort. Während die Nebelschwaden in der Realität noch um die schwimmenden Besucher wabern, ist ihre virtuelle Repräsentation bereits in den globalen Fluss der Timelines eingegangen.

Wann sind Sie einmal eine ungewöhnliche Koalition eingegangen?

Konstanze Marx

Hier kann ich es ja sagen: Ich habe einen HACA-Leiterschein. Er bestätigt, dass ich die damals geltenden Normen für sichere Leitern kannte: Trittprofil und -breite, Handläufe, Verbindungsstücke, Höhe, Befestigung. Auch mit Schrauben kenne ich mich aus, und vor allem mit Muttern, sechskantigen Sicherungsmuttern etwa, die mit dem elastischen Klemmteil. Man darf sie nur einmal verbauen. Der Wartungszyklus von Feuerlöschern oder Fahrstühlen?

Fragen Sie mich einfach. Verlegt jemand Kabel quer durch den Raum oder sind Stolperfallen in Gebäuden nicht markiert, läuten bei mir nach wie vor die Arbeitssicherheitsglocken. RAL-Töne in verschiedenen Grautönen (Loriot lässt grüßen) – und Rotabstufungen? Kann ich zuordnen. Ich kann bis heute an keiner Windmühle vorbeifahren, ohne Hersteller- und Betreibernamen zu eruieren oder Turmhöhe und Rotorblattlängen abzuschätzen. Und wie man Blitzschäden repariert, vergesse ich schon allein deswegen nicht, weil sich der aminische Geruch von Epoxydharzhärter in mein olfaktorisches Gedächtnis eingetragen hat.

Ich bin einmal eine Koalition mit dem Wind eingegangen, besser mit dessen Kraft.

Der Grund dafür ließe sich aktuell leicht unter #IchbinHanna subsumieren. Nach meinem Germanistikstudium – ich belasse es einmal bei der Benennung meines Hauptfachs, weil sich so die vielfach kolportierte Brot- und Aussichtslosigkeit prototypisch akzentuieren lässt – und meiner Promotion stand mir, gerade Mutter geworden, die Welt gar nicht mehr so offen. Mein Stipendium war beendet, das Wissenschaftszeitvertragsgesetz just in Kraft getreten. Auf minimale Zeiträume befristete Verträge schienen mir keine Option, wenn ich gut für mein Kind sorgen wollte, und am Ende zeichnete sich aufgrund der nun gesetzlich festgeschriebenen Perspektivlosigkeit ohnehin der Weg heraus aus dem akademischen Umfeld ab. Geisteswissenschaftler*innen – so war mir damals natürlich noch ohne Genderstern im Studium sehr häufig gesagt worden – verfügten jedoch über in der Wirtschaft sehr willkommene Kompetenzen.

Also schrieb ich Bewerbungen, schon einige. In den Gesprächen wurde häufig meine mit Bestnote bewertete Promotion thematisiert, um meine Neuausrichtung anzuzweifeln oder mich als überqualifiziert abzulehnen oder beides. Ich brauchte eine Weile, um zu verstehen, dass ich es den potenziellen Arbeitgebern damit damals ziemlich leicht gemacht hatte, zu begründen, warum die junge Frau (!) (und Mutter!) nicht infrage käme. In der Firma, die Industriekletterer und eine -kletterin beschäftigte, sah man das anders. So wehte es mich quasi in die Windkraftbranche, denn das war ihr Haupteinsatzort: Mühlen.

Projekte kalkulieren, anlegen, dokumentieren, abschließen, mit (internationalen) Kund*innen verhandeln – das war mein Arbeitsalltag als Projektmanagerin – und mitunter kurioses Troubleshooting – etwa wenn unsere Mitarbeiter*innen vom Blatt aus anriefen, weil sie kurz davor waren, sich in knietiefen Matsch abzuseilen, oder der zu behebende Schaden größer als gedacht oder der Betreiber der Anlage unkooperativ war.

Wind und Wetter nahmen fortan eine besondere Stellung in meinem Leben ein. Bei gutem Wind mussten die Anlagen laufen, bei Flaute konnten wir die Anlagen anhalten, um Gutachten zu erstellen oder Schäden zu reparieren. Es gab Werte auf der Beaufortskala, die zu Interessenkonflikten führten. Dann war es gut, dass auch die Leitern im Inneren der Mühlen eine wichtige Baustelle waren. Dazu, dass ich einmal selbst in einen Turm geklettert bin, kam es auch wegen einer ausgeprägten Höhenangst nicht, aber meinen Segelschein habe ich gemacht und damit der Faszination für Windkraft Rechnung getragen. Letztlich schlug aber mein Herz für die Wissenschaft am lautesten. Nach einigen Jahren widerrief ich meine Vernunftentscheidung, kündigte meinen unbefristeten Vertrag und stürzte mich ins befristete Postdoc-Abenteuer. Dass ich meine akademische Wirkungsstätte inzwischen an einen Ort verlegt habe, an dem auf eine frische Brise Verlass ist, ist rückblickend betrachtet geradezu folgerichtig.

Armin Nassehi

Lob des Unterschieds

Eine notwendige Vermessung koalitionären Denkens

Eine Koalition ist etwas Drittes, etwas, das in keiner der koalierenden Teile bereits vordefiniert wäre. Es ist nicht das ausgeschlossene Dritte im klassischen Sinne des *tertium non datur*, da dies nur für kontradiktorische Aussagen gilt. Es ist etwas Drittes nicht im logischen Sinne, sondern auf der Ebene der Tatsachen. Eine Koalition ist der Versuch, dass sich zwei ungleiche Partner zusammentun, um etwas Drittes ins Werk zu setzen – ob das freiwillig geschieht oder erzwungen ist, spielt dabei keine systematische Rolle. Koalitionen beginnen mit einer Differenz, die genau genommen der Gegenstand der Koalition ist. Wie können zwei unterschiedliche Partner sich so zusammentun, dass etwas Drittes entsteht, das sie alleine nicht bewältigen können, wollen oder sollen? Es ist das Dazwischen, die Differenz von Aussagen, Auffassungen und Perspektiven, die eine Koalition erst zu einer eigenständigen Form macht. Die Koalition zwischen zwei völlig gleichartigen Teilen erhöht vielleicht die kritische Masse im quantitativen Sinne, aber eine Koalition zwischen zwei oder mehreren ungleichen, vielleicht sogar ungleichartigen Teilen lässt etwas entstehen, das sich aus keinem der einzelnen Teile heraus vollständig erklären lässt.

Ein weiteres Merkmal von Koalitionen dürfte ihre Querlage zu hierarchischen Beziehungen sein. Idealtypisch, nicht in jedem Falle empirisch, handelt es sich bei Koalitionen um die Verbindung von (mindestens) zwei Partnern auf Augenhöhe. Zumindest folgt eine Koalition nicht notwendigerweise dem Prinzip der Hierarchie als Ordnungsprinzip. Dies dürfte das klassische Prinzip gewesen sein, nach dem Unterschiedliches

aufeinander bezogen wurde – selbst Arbeitsteilung war kaum anders zu denken als in Form hierarchischer Beziehungen. Die Figur der Koalition setzt eine Form der Gleichheit voraus, die sonst kaum zum gesellschaftlichen Repertoire gehörte. Nicht zufällig wurde der Begriff auf der Ebene staatlicher politischer Subjekte gebraucht, für die nach dem westfälischen Modell von Staatlichkeit eine prinzipielle Gleichwertigkeit wenigstens prinzipiell galt – man denke etwa an die Koalitionskriege nach der Französischen Revolution. Ansonsten sind Koalitionen in einer Gesellschaft, die in erster Linie aus sozial Ungleichen besteht, eher ungewöhnlich. Koalitionen könnten deshalb ein besonders modernes Prinzip sein, das auf vielfältige Formen der Differenzierung der Teile und der Emanzipation des Eigensinnigen damit reagiert, dass das Unterschiedliche aus sachlichen Gründen aufeinander bezogen werden muss.

Organisationen

Eine besondere Rolle zum Verständnis der Modernität dieses Prinzips könnten ausgerechnet Organisationen spielen, in denen auf den ersten Blick das Prinzip des Hierarchischen eine besondere Bedeutung hat. Und es stimmt: Organisationen – etwa Unternehmen oder Behörden, Schulen und Universitäten, Kirchen und Ministerien – folgen einem Hierarchieprinzip, indem sie solche Ebenen einführen, Formen des Vorgesetzten und entsprechender Zuständigkeiten kennen.

Organisationen suspendieren sogar das Prinzip sozialer Gleichberechtigungsansprüche, was man als Mitglied solcher Organisationen anerkennen muss. Man verkennt aber eine wichtige Funktion von Organisationen, wenn man nicht mit im Blick hat, dass die Sozialform der Organisation nur dann funktional nötig wird, wenn zwischen unterschiedlichen Logiken und Funktionen vermittelt werden muss – an Universitäten werden Wissenschaft und Bildung zusammengeführt, Personen aber auch bezahlt, und es gibt einen starken rechtlichen Rahmen. In Ministerien treffen Politik und rechtsförmige Verwaltung aufeinan-

der, in kirchlichen Organisationen Religiöses auf therapeutische, erzieherische oder auch mediale Tätigkeiten usw.

Nun wäre es falsch und naiv, jede Form des Zusammenschlusses unterschiedlicher Logiken und Funktionen der Gesellschaft zu einer »Koalition« zu stilisieren. Dennoch sind es gerade Organisationen, in denen die differenzierten Logiken der Gesellschaft aufeinander bezogen und Koalitionen eingegangen werden. Organisationen organisieren gewissermaßen unterschiedliche Perspektiven und sorgen dafür, dass daraus etwas Drittes entsteht.

Organisationen sind soziale Gebilde, in denen versucht wird, Einheit und Differenz miteinander in Einklang zu bringen. Man trennt Arbeitsbereiche und Zuständigkeiten, Spezialisierungen und hierarchische Ebenen, um sie dann aufeinander zu beziehen, und zwar in dem Sinne, dass keiner der einzelnen Teile in der Lage wäre, den Organisationszweck, sein Ziel oder seine Aufgabe zu erfüllen. Organisationsteile werden voneinander (wenigstens partiell) unabhängig gemacht, um daraus eine spezielle Form der Wechselseitigkeit und der wechselseitigen Abhängigkeit zu generieren. In Organisationen sind wir daran gewöhnt, dass Unterschiedliches unter einem Dach geschieht. Dafür nutzen wir üblicherweise den Begriff der Koalition nicht. In einem Unternehmen spricht man nicht von einer Koalition zwischen Entwicklung, Marketing und Produktion, in einer Universität wird man nicht von einer Koalition sprechen, wenn es zur gemeinsamen Forschung unterschiedlicher Fakultäten kommt, und von einer Koalition zwischen politischer und verwaltungsmäßiger Logik in einem Ministerium wird man wohl auch nicht sprechen. Aber genau genommen bilden solche Organisationsformen das ab, was mit dem Gedanken der Koalition aufgerufen ist: dass ungleiche Tätigkeiten zugunsten eines Dritten zusammenwachsen.

Vielleicht sind gerade deshalb Beispiele, für die man den Begriff der Koalition explizit verwendet, gar nicht die interessantesten – weil sie so erwartbar sind. Die Koalition zwischen Parteien oder parlamentarischen Fraktionen folgt einer Logik, die durch die interne Logik des Politischen zusammengehalten und durch die Arithmetik des Wahlergebnisses not-

wendig wird. Sie bringen letztlich dieselbe Währung ein, nämlich Stimmenanteile, aber eben auch unterschiedliche Verhandlungspositionen. Grüne und FDP erscheinen während der Verhandlungen nach der Bundestagswahl 2021 als mächtiger als die SPD (und die CDU ohnehin, die nicht nur zweite Kraft geworden ist, sondern aufgrund innerer Zerlegungsprozesse auch verhandlungsunfähig war und ist, was die Positionen der kleinen Partner wieder schwächt, weil damit jegliche Drohkulisse verschwindet – von den Kleinen in Richtung Jamaika, vom großen Partner in Richtung GroKo), obwohl sie je mehr als zehn Prozentpunkte hinter dem Wahlsieger rangierten.

Unter spieltheoretischen Gesichtspunkten rekonstruiert, haben die kleinen Partner mehr Optionen als der große, zumal mit dem Wegfall der Option eines rot-grün-roten Bündnisses. Und politische Inhalte und Themen werden dabei gewissermaßen übersetzt in Einflussmöglichkeiten und politische Ressourcen. Sie scheinen eher sekundär zu sein, was gar keine Kritik an solchen Verhandlungen ist, aber der Versuchsaufbau folgt eher dieser Logik – und der Druck in Richtung Gelingen ist so groß, dass Inhalte wechselseitig konvertierbar werden. Insofern sind politische Koalitionsverhandlungen im Vergleich zu anderen eher trivial und wenig überraschend – es kommt hier vor allem auf Drohkulissen und mögliche Alternativen an, die die Rationalität der Verhandlungen ausmachen. Das ist übrigens kein zynisches Argument, es gehe gar nicht um Inhalte oder diese seien nur Mittel zum Zweck. Das ist nicht der Fall, aber die Doppelcodierung des politischen Systems in politische Sachfragen und politische Machtfragen legt nahe, dass sich die beiden Dimensionen als konvertierbar darstellen. Konvertierbarkeit freilich ist nur ein Medium, das Koalitionen ermöglicht.

Die Gleichzeitigkeit von Unterschiedlichem

Die Figur der Koalition kommt indes auch dort vor, wo sie nicht so bezeichnet wird. Die Leistungsfähigkeit moderner Gesellschaftlichkeit liegt zunächst in der Spezialisierung, der Differenzierung, der Trennung, der Absonderung, der wechselseitigen Unabhängigkeit und der Form der Emanzipation vor allem in der Sachdimension der Gesellschaft. Wenn man Gesellschaft formal oder logisch auf einen Begriff bringen will, dann ist es die Gleichzeitigkeit von Unterschiedlichem – eine Figur, die logisch dem entgegensteht, was die Moderne an Semantiken des Gemeinsamen, der Einheit, des Zusammenhalts und der Solidarität entwickelt hat.

Aber diese semantischen Formen sind letztlich Reaktionen auf gesellschaftliche Zentrifugalkräfte. Das gilt nicht nur für die großen gesellschaftlichen Funktionen, die sich zumindest operativ und logisch voneinander entfernen und deren wechselseitige Abhängigkeit vor allem darin zu sehen ist, dass hier Unterschiedliches aufeinander bezogen werden muss. Lösungen für gesellschaftliche Probleme haben stets damit zu tun – wie man einen volatilen Kapitalismus mit den familialen Erfordernissen einer kontinuierlichen Lebensform verbindet oder wie er sich zu staatlich-politischer Steuerung verhält, wie wissenschaftliche Ergebnisse in operativ wirksame Formen in Kliniken, Schulen, Unternehmen oder im Alltagsverhalten übersetzt werden können, wie rechtliche Regulierbarkeit sich zu den Logiken des Ökonomischen oder Politischen verhält oder wie Religion mit dem Verlust von Durchgriffsmöglichkeiten auf andere gesellschaftliche Bereiche umgehen kann. All das ist von einer zentrifugalen Form und von Interdependenzunterbrechungen geprägt und changiert zwischen Leistungsfähigkeit und Komplexitätssteigerung, zwischen der Emanzipation des jeweiligen Eigensinns und der wechselseitigen Abhängigkeit des Unterschiedlichen.

Konkreter beobachtet stößt man tatsächlich auf so etwas wie Koalitionen. Man kann etwa die Idee der Sozialpolitik und des Wohlfahrtsstaates als eine solche Koalition ansehen. Ob man das soziale Marktwirtschaft

oder einen gebändigten Kapitalismus nennen will, ist egal. Der Erfolg der klassischen industriegesellschaftlichen Moderne westlichen Typs besteht auch darin, dass es zu einem Institutionenarrangement gekommen ist, das diese Fliehkräfte einzufangen versuchte. Solche Institutionen sind zum einen rechtliche Ansprüche für diejenigen, deren Abhängigkeit von kontinuierlichen Lohnzahlungen der Diskontinuität von Märkten gegenübersteht – Instrumente sind neben rechtlichen Ansprüchen Versicherungs- und Versorgungsleistungen, staatlich organisatorische Formen der Herstellung von Kontinuitäten und nicht zuletzt politische Programme, sowohl dem einen wie dem anderen gerecht werden zu können. Es ist keine Überstrapazierung des Koalitionsbegriffs, in solchen Lösungen tatsächlich Koalitionen zu entdecken, also Formen, in denen etwas Drittes entsteht. Würden Märkte sich allein überlassen, wären sie sicher sehr leistungsfähig, würden aber Nebenfolgen produzieren, die diese selbst infrage stellen würden. Und würde staatliches Handeln nicht anerkennen, dass Märkte sich jener Planbarkeit entziehen, die man sich gerne imaginieren würde, würde sich zwar die Planungskapazität erhöhen, aber die Ergebnisse müssten gerade ohne jene Dynamik auskommen, die dem Ökonomischen inhärent ist.

Das eine Koalition zu nennen, ist nicht einfach der Tatsache geschuldet, dass hier über Koalitionen verhandelt werden soll, sondern das Koalitionäre daran zeigt sich darin, ob und wie es gelingt, Ungleiches so aufeinander zu beziehen, dass daraus etwas Drittes entsteht. Die Gefährdungen der Moderne basieren auf ihren Stärken: auf den Interdependenzunterbrechungen zwischen unterschiedlichen Logiken, die unkalkulierbare Folgen und Nebenfolgen produzieren. Die Tatsache der Differenzierung und der Zentrifugalkräfte ist nicht einfach ein strukturelles Schicksal der Gesellschaft, sondern das Material, dem sich gestalterische Potenziale entnehmen lassen.

Ein empirisches Beispiel

Weniger abstrakt lässt es sich in Praxisfeldern beobachten, in denen Innovationen aus konkretem Handlungsdruck entstehen. Man denke etwa an die Palliativmedizin, in der es gelungen ist, der Versäulung eines Arrangements zu entgehen oder es wenigstens thematisierbar zu machen, dass etwa die kurative Logik der Krankenbehandlung dadurch infrage gestellt werden kann, dass medizinische Expertise Koalitionen mit anderen zeitlichen und sachlichen Orientierungen eingehen kann. Allein die pflegerische Logik der Herstellung von Kontinuität bei Patientinnen und Patienten mit deutlich terminaler Erwartung erfordert nicht einfach eine Gegenbewegung gegen die medizinisch-kurative Form eines auf Verbesserung und spätere Lösung zielenden Zeitregimes, sondern die Herstellung eines Dritten und damit auch einer Kommunikationsform, die sich von anderen medizinisch-klinischen Settings unterscheidet. Sieht man sich die historische Genese von *palliative care* an, so stößt man immer wieder auf Personen und auf Institutionen, in denen tatsächlich Akteure und Praxisformen ganz unterschiedlicher Provenienz Koalitionen eingegangen sind, die nicht einfach die Durchsetzung einer bestimmten Logik gegen eine andere sind, sondern der aktive Versuch, das Unterschiedliche zusammenzudenken.

Besonders sichtbar wird das in der Integration von Berufen und Professionen ganz unterschiedlicher Provenienz, etwa Therapeuten unterschiedlicher Art, Sozialarbeiter oder Seelsorger. Gerade Letztere sind in diesem Feld besonders interessant, weil sie als eine Profession ganz anderer Art als die medizinische in der Lage ist, das Sterben und den Tod indirekter zu thematisieren und damit viel deutlicher zu werden als andere. Es sind tatsächlich Koalitionsversuche gewesen, die hier fast einen Paradigmenwechsel hervorgebracht haben – Koalitionsversuche deswegen, weil hier Denkungsarten und Akteure zusammengekommen sind, die sonst anders aufeinander bezogen waren: unabhängig voneinander, mit unterschiedlichen Zielen, mit anderen hierarchischen Modellen etc. Es war der Versuch, mithilfe einer Neukonstellation Mög-

lichkeiten zu eröffnen, die sich aus den je eigenen und isolierten Logiken nicht ergeben konnten. Der Paradigmenwechsel besteht darin, dass die neue Konstellation in der Lage ist, Ziele zu formulieren, die sonst nicht erreichbar gewesen wären.

In Deutschland ereignen sich gerade einmal vier Prozent aller Todesfälle auf Palliativstationen oder in Hospizen, also nur jeder 25. Fall. Aber die Koalitionen in diesem Feld haben eine erhebliche Ausstrahlungskraft auf das gesamte Feld – bis hin zur Etablierung des Rechts auf palliative ambulante Behandlung als Kassenleistung und zur Einführung des Fachs Palliativmedizin als obligatorischer Inhalt eines Medizinstudiums. Diese für eine alternde Gesellschaft mit längeren und komplexeren Sterbephasen und mit selbstbewussteren Ansprüchen von Patientinnen und Patienten an professionelle Betreuung ist eine bedeutende Innovation, die sich nicht disruptiv durchgesetzt hat, sondern eher evolutionär. Das evolutionäre Prinzip war hier vor allem die Rekombination von Elementen, also die Fähigkeit und der Wille von Akteuren, ungewöhnliche Koalitionen einzugehen und dann auf Evolution zu setzen, also darauf, dass sich daraus institutionalisierbare Formen entwickeln. Die Erfolgsgeschichte von *palliative care* ist nicht einfach die Etablierung einer guten Idee, sondern die Etablierung neuer Institutionenarrangements, in denen etwas entstehen konnte, das sich nicht monokausal herstellen ließ. Es ist auch eine Geschichte von Hartnäckigkeit und nicht zuletzt normativ starker Orientierungen. Es ist das Ergebnis neuartiger Koalitionen.

Gerade die normativen Fragen sind interessant – weil sie speziell in diesem Feld eine besondere Bedeutung haben. Man kann das etwa am Ideal des sprechenden Patienten sehen, der sich mit seinem Schicksal auseinandersetzt, es möglichst anerkennt und dies in eine kommunikative Form bringt, mit der nicht nur die Betroffenen selbst und ihre Familien umgehen können, sondern auch die zuständigen Organisationen (Palliativstationen, Hospize). Deutlich wird hier, dass die Koalitionäre sich vor allem Gedanken darüber machen müssen, was ihre Lösungen für die anderen bedeuten. Die kommunikative Struktur von Koalitio-

nen unter Verschiedenen ist vor allem dadurch geprägt, dass es gerade nicht um die Überwindung von Perspektivendifferenzen geht, sondern um ihre Entfaltung und Bearbeitung. Eine Koalition mag unter bestimmten institutionellen Bedingungen womöglich zu einer Verschmelzung der ungleichen Partner führen, sodass nach einer gewissen Zeit nicht mehr sichtbar ist, welche Teile oder Aspekte des entstandenen Dritten von welchem vorherigen Koalitionspartner stammen, womöglich am ehesten noch bei Unternehmensfusionen. Interessanter ist der kommunikative Haushalt von Koalitionen, die man wohl nicht einfach nach dem Modell von Konsensen oder Konsentierungszielen denken kann.

Zwischen Konsensfiktionen und Differenzmanagement

Konsense sind ohnehin vergleichsweise fragile Konstellationen, weil der Konsens schon durch den nächsten Sprechakt negiert und ad absurdum geführt werden kann. Konsens ist eine Art Vereinbarung eines Verzichts auf bestimmte Kommunikationsansprüche zumindest für die Zeit, in der der Konsens gilt. Genau deshalb wirken Sozialformen, die stark auf Konsens und auf Überwindung von Perspektivendifferenzen bauen, oftmals eher fragil und gefährdet, weil schon der nächste kommunikative Akt den Konsens infrage stellen kann. Konsense sind Fiktionen, also kommunikativ aufbereitete Formen, die den Horizont gerade nicht erweitern, sondern zunächst einschränken, um Gemeinsamkeit zu konstruieren. Das hat die Funktion, Kommunikation so einzuschränken, dass Dissensrisiken minimiert werden. Alois Hahn hat das in einem schon klassisch zu nennenden Aufsatz von 1983 »Konsensfiktionen« genannt.[1]

Das Beispiel der Palliativmedizin als ein Beispiel für koalitionäre Verhältnisse ist deshalb gut gewählt, weil man hier deutlich sehen kann, dass die Erfolge weniger durch Konsens(fiktionen) als durch Koalitionen von Unterschiedlichem ermöglicht wurden. Um das zu beschreiben, lohnt es sich, sich Gedanken über die »ideale Sprechsituation« für solche

Koalitionsformen zu machen. Jürgen Habermas hat mit dem Topos der »idealen Sprechsituation« versucht, die Bedingungen eines Konsenses zu beschreiben, und kommt vor allem auf die latenten Bedingungen eines Diskurses, auf eine »im Diskurs unvermeidliche, reziprok vorgenommene Unterstellung«[2], die die Sprecher schon vorgängig verbindet. Dagegen ist nichts zu sagen, denn Habermas hat völlig recht damit, dass Verständigung nicht möglich ist, wenn die Bedingungen der Verständigung, also die reziproken prinzipiellen Anerkennungsverhältnisse zwischen Sprechern selbst Gegenstand des Diskurses werden müssen. Das gilt ihm als die entscheidende Voraussetzung für konsensorientierte kommunikative Verhältnisse. Es wäre falsch, dies inhaltlich zu kritisieren – bemerkenswert ist nur, dass diese Denkungsart darauf zielt, dass sich die Sprecher konsentieren und so gewissermaßen zu einem Ende des Diskurses kommen.

Habermas ist oftmals falsch verstanden worden, wenn man ihm vorgeworfen hat, der dann erreichte Konsens sei das Ende des Diskurses und damit ein statisches Ergebnis. Das hat er niemals behauptet, und das würde letztlich auch dem Impetus seines Werkes widersprechen. Und dennoch: Habermas kapriziert sich vor allem darauf, die unvermeidliche Unterstellung zu beobachten, die zunächst alle Differenzen immer schon überwunden hat, bevor man mit dem Diskurs beginnt. Es geht gewissermaßen um vorgängige Anerkennungsverhältnisse – eine aktuelle Rekonstruktion einer idealen Sprechsituation würde aber eher daran ansetzen, die Bedingungen der Differenz zu betonen –, also nicht um die basalen Anerkennungsverhältnisse. Dass diese die Möglichkeitsbedingung für alles Weitere sind – darin ist Habermas nicht zu widersprechen. Aber es geht eher darum, ob man von Konsensorientierung auf Differenzmanagement umstellen kann. Der Fokus müsste nicht in den Bedingungen der Überwindung von Differenzen liegen, sondern darin, wie ein Differenzmanagement eben nicht latent gehalten, sondern expliziert wird – und zwar nicht einfach eine Differenz unterschiedlicher Argumente, sondern als unüberwindliche Differenz operativer Bedingungen des eigenen Handelns. An anderer Stelle[3] habe ich das so

formuliert: Rein logisch gesehen, verlangt die Überforderung durch Zielkonflikte, durch Differenzierungsfolgen, durch die Differenz von Erfolgskriterien, auch durch daraus resultierende Interessen nach einer solchen Situation: Die Beobachtung einer anderen Logik hat Folgen für die eigenen Präferenzen, für die eigene Beobachtung, für das eigene Handeln. Das hört sich einfacher an, als es erscheint. Denn die Leistungsfähigkeit der Moderne besteht ja gerade darin, davon absehen zu können oder auch zu müssen.

Dabei geht es gerade nicht um Entdifferenzierungen, sondern um das Gegenteil: Wie kann es gelingen, unter Beibehaltung operativer Differenzen Konstellationen von Unterschiedlichem zu etablieren? Das ist letztlich der Versuchsaufbau für das, was man Koalitionen nennen kann – und daraus ergibt sich ein dafür passender kategorischer Imperativ: *Handle so, dass dein Gegenüber anschließen kann, gerade weil du das nicht kontrollieren kannst!* Das ist exakt das Gegenteil von Konsens, sondern der Versuch, die Handlungsoptionen des Gegenübers nicht so sehr einzuschränken, dass die gleichzeitige Bearbeitung eines Problems mit prinzipiell unterschiedlichen Mitteln nicht unmöglich gemacht wird. Es geht dabei nicht um Konsensfiktionen, sondern um Differenzmanagement und Anerkennung kategorialer Differenzen.

Die Palliativmedizin ist dafür tatsächlich ein geradezu paradigmatisches Beispiel, weil man hier nur mit Differenzmanagement weiterkommt, mit einer Form der Arbeitsteilung, die darauf beruht, dass die unterschiedlichen Akteure auf Widersprüchliches und Unterschiedliches zielen – und gerade darin ein Setting erfinden, das es zuvor so nicht geben konnte. Ärztliches, pflegerisches, seelsorgerliches, sozialtherapeutisches, körpertherapeutisches, psychologisches, sozialarbeiterisches und nicht zuletzt familiales Handeln hat je unterschiedliche Voraussetzungen und muss gerade *nicht* konsentiert werden. Die empirische Frage ist nur, unter welchen Bedingungen diese unterschiedlichen Teile in der Lage sind, sich gegenseitig Anschlussmöglichkeiten zu geben und aus der Differenz etwas zu machen. Ich sehe den Erfolg der Palliativmedizin auch darin, dass es ihr gelungen ist, Koalitionen

zu bauen, die nicht auf Verschmelzung der Perspektiven gesetzt haben, sondern auf wechselseitige Ermöglichungsbedingungen und auf Betonung der Differenz. Dass dabei interessanterweise starke gemeinsame normative Orientierungen an der Sache helfen, ist etwas, worüber noch gesondert nachzudenken wäre.

Doch noch: Koalitionsregierungen – oder felix Austria?

Zum Schluss nun noch etwas zum erwartbaren Fall der politischen Koalitionsbildung. Wie oben schon erwähnt, sind politische Koalitionen stark von den Rahmenbedingungen des jeweiligen politischen Systems abhängig – vieles hängt an Formen des Parlamentarismus, am Wahlrecht, an der Frage präsidialer oder parlamentarischer Regierungssysteme usw. Aber wo parlamentarische Mehrheiten nur mithilfe mehrerer Spieler zu erreichen sind, ist die Koalition der Königsweg der Regierungsbildung. Für politische Koalitionen gilt alles, was hier auch entfaltet wurde. Eine politische Koalition verzichtet nicht auf Differenz, sondern muss sie entfalten. Ich habe oben schon darauf hingewiesen, dass die unterschiedlichen Partner meistens unterschiedliche Stimmengewichte mitbringen, aber eine Koalition lässt sich nicht einfach arithmetisch begründen oder bilden, sondern es müssen Kommunikationsformen nach jenem kategorischen Imperativ gebildet werden können, den ich oben entwickelt habe: Wie behalten ungleiche Spieler Anschlussmöglichkeiten trotz ganz unterschiedlicher Interessen und Perspektiven, unterschiedlicher politischer Ziele oder Methoden?

Die Kunst der Koalitionsverhandlung ist die, wie eine Koalition aus einer Differenz Gewinn erwirtschaften kann. In der Geschichte der Bundesrepublik hat es unterschiedliche Modelle dafür gegeben (vgl. dazu Jasmin Siri in diesem *Kursbuch*) – stets aber waren diese davon abhängig, Programme zu entwickeln, die wenigstens in ihrer Semantik dafür sorgen mussten, dass Eigenständigkeit und Partnerschaft, Unterschiede und Gemeinsamkeiten, Identität und Differenz sichtbar geworden sind.

Das mag banal klingen – worum soll es bei solchen Verhandlungen sonst gehen? Die Banalität verschwindet spätestens dann, wenn deutlich wird, dass Konsensfiktionen oder gar Verschmelzungen nur so lange halten werden, bis die Differenzen im politischen Alltag und in der veröffentlichten und öffentlichen Meinung wieder auftauchen. An den Differenzen anzusetzen und Anschlüsse für den anderen zu ermöglichen – das könnte die Tugend sein, die es braucht.

Ich habe zu Beginn der österreichischen Koalition zwischen den Grünen und der ÖVP in einer österreichischen Zeitung behauptet, diese Koalition könnte eine gewisse Stabilität dadurch entwickeln, dass diese so ungleichen Partner explizit auf Differenz gesetzt haben und sich gegenseitig Anschlussfähigkeiten ermöglichen.[4] Man konnte den damaligen Text für naiv halten, und außerdem ist damit kein Wort über die politische Qualität dieser Regierung gesagt, was man als Piefke auch nicht beurteilen sollte – aber dass diese Koalition die alle Österreich-Vorurteile bestätigende operettenhafte Selbstzerlegung des österreichischen Bundeskanzlers bis dato überlebt hat, könnte auch an dieser expliziten Form des Differenzmanagements liegen. Konsensfiktionen wären viel riskanter gewesen.

Vor diesem Hintergrund darf man gespannt sein, was die Ampel-Verhandlungen zwischen SPD, Grünen und Liberalen ergeben, die bei Abfassung dieses *Kursbuch*-Beitrages gerade von der Sondierung in ernsthafte Verhandlungen übergehen und bei Erscheinen dieses *Kursbuchs* Anfang Dezember vielleicht schon abgeschlossen sein werden. Wird Differenzmanagement gelingen oder fallen den dreien Konsensfiktionen auf die Füße? Im Falle Österreichs jedenfalls habe ich mein Argument mit folgendem Absatz beendet:

»Vielleicht haben die österreichischen Koalitionäre schon einmal den kybernetisch-ethischen Imperativ eines der Begründer der Kybernetik, nämlich Heinz von Foerster, gelesen: ›Handle stets so, dass die Anzahl der Wahlmöglichkeiten größer wird.‹ Immerhin war Heinz von Foerster gebürtiger Österreicher aus Wien.«

Vielleicht gibt es dafür ja ein berlinerisch-preußisches Äquivalent.

Anmerkungen

1 Alois Hahn: »Konsensfiktionen in Kleingruppen. Dargestellt am Beispiel von jungen Ehen«, in: Friedhelm Neidhardt (Hrsg.): *Gruppensoziologie. Perspektiven und Materialien. Kölner Zeitschrift für Soziologie und Sozialpsychologie, Sonderheft 25*. Köln 1983, S. 210–232.

2 Jürgen Habermas: *Vorstudien und Ergänzungen zur Theorie des kommunikativen Handelns*. Frankfurt am Main 1984, S. 180.

3 Armin Nassehi: *Unbehagen. Theorie der überforderten Gesellschaft*. München 2021, S. 318 f.

4 Vgl. Armin Nassehi: »Türkis-Grün: Mehr Einheit durch Differenz«, in: *Der Standard* vom 15. Jänner (sic!) 2020. https://www.derstandard.at/story/2000113297615/tuerkis-gruen-mehr-einheit-durch-differenz

Wenn Egos kollidieren

Ein Gespräch mit Georg von Wallwitz über Finanzkoalitionen, Geldanlagen und das niedrige finanzielle Bildungsniveau der Deutschen

Von Peter Felixberger und Armin Nassehi

»Ich bin eins weniger langweilig als das Sparbuch.«

Foto: © Eyb & Wallwitz.

Kursbuch: In der Wirtschaft nennt man Koalitionen eher Mergers & Acquisitions, kurz M&A. Erklären Sie uns doch erst einmal die Logik, die dahintersteht?

Wallwitz: Der Grundimpuls eines M&A ist ein ganz natürlicher. Es geht um das Vermeiden von Konkurrenz, die in der Wirtschaft immer etwas Mühsames ist. In einer Konkurrenzsituation muss man ein besseres Produkt haben oder es günstiger produzieren. Man muss freundlich sein mit den Kunden, einen besseren Service bieten. Wenn man keine Konkurrenz hat, wird das Leben einfacher. Man muss nicht mehr nett sein und kann dicke Rechnungen schreiben. Deswegen ist es natürlich, dass Unternehmer sich mit anderen Unternehmern zusammentun, um diesen Konkurrenzdruck zu mindern. Und wer will nicht in einer Welt ohne Konkurrenz leben? Es ist der Zauber des Kapitalismus, dass Unternehmen gezwungen sind, bessere Produkte, billigere Produktionsweisen oder bessere Vertriebswege zu finden, um den Menschen das zu liefern, was sie wollen. Deshalb hat der Staat auch den Kartellwächter erfunden, um dieser natürlichen Tendenz in der Wirtschaft entgegenzuarbeiten. Denn wenn die Unternehmen Kartelle bilden, steigen die Preise und es sinkt die Produktqualität.

Kursbuch: Welche Mergers & Acquisitions sind in den letzten Jahren schlecht gelaufen?

Wallwitz: Mergers sind der Zusammenschluss zwischen zwei etwa gleich Großen. Bei Acquisitions kauft einer den anderen. Damit deckt man in der Regel einen Bereich ab, den man bisher nicht hatte. Facebook kaufte beispielsweise den Messengerdienst WhatsApp. Google kaufte YouTube. Es lassen sich eine Menge gelungener Beispiele finden. Oft funktionieren Mergers aber nicht, vor allem, wenn die Kulturen nicht zusammenpassen. Zum Beispiel Daimler und Chrysler, Deutsche Bank und Bankers Trust oder Bayer und Monsanto. Da prallen unterschiedliche Grundannahmen und Ambitionen aufeinander. Eine ameri-

kanische Wall-Street-Bank tickt einfach anders als eine deutsche Bank, die traditionell im Firmenkundengeschäft tätig ist.

Kursbuch: Was ist eigentlich eine gute Bedingung, um eine Koalition zwischen Unternehmen zu bilden? Zwei Unterschiedliche machen etwas Gemeinsames, in der Hoffnung, dass daraus etwas Drittes entstehen möge. Gibt es Kriterien, wann es passt oder nicht? Und ist es besser, wenn die Player sich auf Augenhöhe begegnen, oder sollte einer im Lead sein?

Wallwitz: Generell ist es besser, wenn einer im Lead ist. Denn wenn zwei Alphatiere gleich stark sind, geht das in den seltensten Fällen gut. Dann sind häufig die Egos zu groß und es kommt zu Konflikten. Und was die Kriterien für ein besseres Gelingen betrifft: Wenn man sie hätte, wäre diese Welt sicher ein Stück einfacher. Am Ende menschelt es halt, auch wenn auf dem Papier alles wunderbar ist. Es kollidieren Egos. Auf dieser menschlichen Ebene scheitert es eigentlich am häufigsten. So etwas lässt sich ex ante sehr schwer vorherbestimmen.

Kursbuch: Aus soziologischer Sicht ließe sich sagen, wie stark Organisationen doch auf ihre eigenen Routinen beschränkt sind?

Wallwitz: Genau das trifft zu, denn die einen Routinen unterscheiden sich bisweilen fundamental von den anderen. Die eine Geschäftsführung legt Wert auf knickfreie Klarsichthüllen, wenn eine Vorlage an die Geschäftsleitung geschickt wird. Die andere ist sparsamer und verwendet Klarsichthüllen viel öfter. Gemäß der Devise: Wir achten auf jeden Cent.

Kursbuch: Welche Rolle spielt die Investmentbank in diesem Koalitionsspiel? Haben die nur die betriebswirtschaftliche Brille auf?

Wallwitz: Nun, es gibt natürlich noch weitere Akteure, die eine Rolle spielen. Zum Beispiel Personalberater, die dann mithilfe von Psychogrammen versuchen, herauszufinden, wer mit wem gut können müsste. Das ändert aber nichts daran, dass der kulturelle Shift oft viel stärker ist.

Kursbuch: Herrscht nicht am Anfang von M&A-Prozessen eine Romantik, die dann Stück für Stück entzaubert wird? Oder braucht es nicht anfangs diese romantische Überhöhung, damit die Partner zusammenfinden können?

Wallwitz: Das glaube ich nicht. Die Romantik wird gerne nach außen kommuniziert. »A marriage made in heaven«, hieß es beim Zusammenschluss von AOL und Time Warner. Das Wording nach draußen ist immer pure Romantik. »Wir passen so gut zusammen und sind wie füreinander geschaffen.« Man versucht so auch, den eigenen Angestellten den Deal schmackhaft zu machen, auch weil sie Angst um ihre Jobs haben. Die Logik ist ja oft das Einsparen von Kosten. Kurzum: Das erste Motiv ist in der Regel betriebswirtschaftlich. Dahinter treten dann persönliche Motive wie die eigene Karriereplanung zutage. Der eine Vorstand möchte größer und wichtiger werden. Der andere wiederum sucht einen Exit, um seine Schäfchen ins Trockene zu bringen.

Kursbuch: Wie aber bewertet man in M&A-Prozessen das andere Unternehmen? Welche Art von Vermögen spielt heute eine Rolle? Ist es die Bilanz oder das Innovationskapital?

Wallwitz: Das muss man von Branche zu Branche unterscheiden. In klassischen Industrien blickt man eher auf den Kundenstamm und die Höhe des mit ihm erzielten Umsatzes. Dann zahlt man zwischen sieben und 15 Jahresgewinne, in der Annahme, dass diese künftig auch weiter realisiert werden. Bei alten, reifen Industrien wird bis heute

so gedacht und gehandelt. Man bewertet ein Unternehmen nach seinem Einkommensstrom. In der neuen schönen Digitalwelt gibt es indes zahlreiche Firmen, die zwar noch nichts abwerfen, die ich aber aufgrund einer bestimmten Technologie erwerben möchte oder weil ich auf das Personal scharf bin. Ich kaufe dann ein anderes Unternehmen, um den mühsamen eigenen Aufbau von Profis abzukürzen und zu umgehen. Beispiel: Ich kaufe eine Gamingfirma, um mir Experten für Bildgebungsverfahren einzukaufen. Man nennt das Acqui-hiring. Die Bewertungen liegen dann ganz im Auge des Betrachters und lassen sich nicht aus Modellen herleiten. Dazu kommen dann Nebenkosten, die nicht zu unterschätzen sind. Zentrale Akteure werden üblicherweise mit einer Retention Fee geködert. Motto: Wenn du noch zwei Jahre bleibst, kriegst du etwas mehr ab vom Kuchen.

Kursbuch: Wie lange bleiben die Einheiten auch Einheiten? Oder wie lange bleiben die unterschiedlichen Identitäten der Koalitionäre sichtbar?

Wallwitz: Es gibt durchaus Beispiele, in denen es sehr lange nachwirken kann. Bei Dresdner Bank und Commerzbank redet man bis heute von den grünen und gelben Mannschaften. Oder Bayerische Vereinsbank und Hypo-Bank. Generell würde ich sagen: Bei einem Kauf mit klarer kultureller Dominanz des einen verschwindet die andere relativ schnell. Bei einem Merger gleich Großer kann das Jahrzehnte dauern.

Kursbuch: Hat sich durch die neue Start-up-Kultur, die oft genug einen schnellen Exit anstrebt, das M&A-Geschäft nachhaltig verändert?

Wallwitz: Mir hat einmal ein Engländer erklärt: In England gründet man ein Unternehmen und hofft, es möglichst schnell zu verkaufen. Der erfolgreiche Gründer kauft sich dann ein Landgut in Schottland und versucht, den Lebensstil der örtlichen Aristokratie abzubilden. In Deutschland gründet man ein Unternehmen und hofft, dass es die

nächsten Generationen fortsetzen werden. Es wird von einer Dynastie geträumt. Deswegen gibt man nur ungerne sein Unternehmen aus der Hand. Wir nennen es mittelständische Familienunternehmen. Sie sehen, wie groß ein kultureller Unterschied sein kann. Und man darf auch nicht vergessen: In Deutschland ist Venture Capital sehr schwach ausgeprägt, was auch die Start-up-Kultur schwächt. Diese produktiven Symbiosen zwischen Ideen- und Kapitalgeber sind in Deutschland weniger gut entwickelt.

Kursbuch: Als Vermögensberater beschäftigen Sie sich auch mit der Koalition von Vermögen und Geldanlage. Welche Trends beobachten Sie in diesem Zusammenhang? In der New Economy wurde sogar ein Volkskapitalismus gefördert.

Wallwitz: Ein Volkskapitalismus hat den Charme, dass ein Volk aus Wohnungs- und Telekom-Aktienbesitzern nicht zur Revolution neigt. Das revolutionäre Potenzial wird durch eine breitere Streuung von Besitz abgeschwächt. In Deutschland ist ein sehr großer Teil des Vermögens ein Anspruch gegen den Staat. Menschen arbeiten und zahlen in die Rentenversicherung ein. Sie bekommen später vom Staat eine monatliche Zahlung von x Euro bis an ihr Lebensende. Das ist viel wert, und dagegen sieht so mancher Millionär alt aus. Wenn beispielsweise jemand, der eine Million besitzt, am Jahresende nur 15 000 Euro Rendite erzielt (das sind immerhin zwei Prozent mehr, als mit Staatsanleihen zu erzielen ist), ist das natürlich viel zu wenig, immerhin ist er ja Millionär und fühlt sich reich. Vom deutschen Staat garantiertes Einkommen von 25 000 Euro ist in vieler Hinsicht attraktiver. Deshalb sind viele Rentner gar nicht so arm dran. In der Vermögensstatistik ist der Millionär allerdings reicher. Im Vergleich zu anderen Ländern sind die Deutschen in ihrem Sparverhalten ziemlich irrational. Sie kaufen Gold wie die Weltmeister und haben mittlerweile auf privater Seite mehr Gold, als in Fort Knox herumliegt. Das speist sich offenbar aus historischen Erfahrungen in den Kriegen und Inflationszeiten. Der

kleine Goldschatz, der alle Zeiten überleben wird. Die Deutschen haben leider ein niedriges finanzielles Bildungsniveau. Viele können noch nicht einmal Aktien und Anleihen auseinanderhalten. Viele wissen gar nicht, wie die Zinsmärkte funktionieren. Und Inflation und Deflation werden munter durcheinandergebracht.

Kursbuch: Wie entsteht eine Koalition aus Idee und Geld?

Wallwitz: Der klassische Kanal ist nach wie vor die Bank. Ich bringe als Sparer mein Geld auf die Bank, und diese gibt es einem Unternehmen, das eine Fabrik bauen will. Das bringt geringe Renditen, weil wenig risikoreich. Aber es gibt auch Pools, die einen größeren Unterhaltungswert für ihre Anleger bieten und in denen es kreativer zugeht. Wagniskapitalgeber investieren in neue Ideen und Köpfe. Aber in Deutschland ist es damit nicht weit her, wir investieren unser Geld lieber in Altbewährtes. Aber wo Geld und Ideen zusammenkommen, wie etwa im Silicon Valley, dort entsteht die neue Welt, ob es uns passt oder nicht.

Kursbuch: Was macht Georg von Wallwitz denn genau?

Wallwitz: Ich lege Geld in den öffentlichen Kapitalmärkten an. Alles muss eine Wertpapierkennnummer besitzen. Ich bin nicht im Wagniskapitalbereich und auch nicht bei direkten Firmenbeteiligungen aktiv. Ich kaufe ganz langweilig Aktien und Anleihen von börsennotierten Unternehmen. Ich bin eins weniger langweilig als das Sparbuch. Langweilig ist aber nicht genug: Meine Branche ist nicht zuletzt Teil der Unterhaltungsindustrie, weswegen Storytelling so wichtig ist. Ein Vermögensverwalter präsentiert immer auch ein Weltbild. Deshalb kann ich bei Investments genau sagen, was der Investor politisch wählt. Der typische AfD-Wähler investiert in Gold. Der typische Grünenwähler steckt sein Geld in Wind- und Solarparks bei fair handelnden Banken. Deshalb erwartet der private Anleger auch vom Vermögensverwalter,

er solle sich idealerweise in seiner Welt befinden. Er legt das Geld dann in seinem Sinne an. Geld ist etwas enorm Emotionales. Am Geld hängen die persönlichen Umstände.

Kursbuch: Bleibt uns nur noch die Frage: Woher wissen Sie eigentlich, was Sie wissen?

Wallwitz: Keine Ahnung. Man macht so seine Erfahrungen. »Wie lese ich die Zukunft?« ist die entscheidende Frage. Bei der Geldanlage spielt die Vergangenheit nur eine geringe Rolle. Ich empfehle meinen Mitarbeitern deshalb auch, in der Zeitung das Feuilleton zu lesen. Dort wird die Zukunft häufig verhandelt, bevor sie an der Börse ankommt. Ich bin ein Informationssammler. Der Trick ist, sie nach Relevanz filtern zu können. Die Analysten übrigens haben kaum einen Mehrwert. Am Ende kommt es immer anders, als Research-Experten prognostizieren. Ich mache mir ein Bild, wohin die Welt laufen und wie man die großen Wendepunkte erkennen könnte.

Das Gespräch fand am 5. Oktober 2021 per Zoom statt. Georg von Wallwitz und Armin Nassehi jeweils in München, Peter Felixberger in Erding.

WANN SIND SIE EINMAL EINE UNGEWÖHNLICHE KOALITION EINGEGANGEN?

Marie-Luise Menzel

Vor fünf Jahren habe ich begonnen, als Data Scientist zu arbeiten. Während meiner Projekteinsätze analysierte ich große Datenmengen, entwickelte Softwareanwendungen und verarbeitete deren Ergebnisse passgenau für den Nutzer. Mittlerweile bin ich aus der Datenpraxis in das Management einer IT-Beratung gewechselt und unterstütze Unternehmen dabei, aus eigenen Daten neue Erkenntnisse zu gewinnen. Meine Projekte haben mich durch die verschiedensten Branchen geführt. Derzeit beschäftige ich mich mit Hafenlogistik und urbaner Mobilität. Innerhalb dieser Themen konzentriere ich mich beispielsweise auf Nachfrage- und Auslastungsplanung und Predictive Maintenance.

Diesen Karriereweg hatte ich so nie geplant. Denn mein Herz schlägt seit jeher für die Naturwissenschaften. Ich begann mein Studium mit der faustischen Frage nach dem, was die Welt im Innersten zusammenhält. Dieses Interesse führte mich zuerst in die Kern- und

Teilchenphysik. Im Mikrokosmos des CERN war ich besonderen Teilchen und deren Zerfällen auf der Spur. Während meiner Promotion beobachtete ich die energiereichsten Objekte des Universums: supermassereiche schwarze Löcher. Dabei wurde ich zur Expertin in der Auswertung von Daten, wie sie im Weltall von wissenschaftlichen Instrumenten aufgenommen werden.

Nach meiner Promotion wollte ich weiter in der Forschung bleiben. Leider fiel auf einer lange geplanten Weltraummission ein sehr wichtiges Instrument nach dem Start aus. Wir Wissenschaftler hatten uns von diesem Instrument sensationelle Daten erhofft, mussten nun aber wieder einige Jahre bis zur nächsten Mission warten. Mir stand eine lange Trockenphase für interessante Daten und somit das Fehlen einer wichtigen Grundlage für erfolgreiche Publikationen bevor – eine schwierige Startposition für eine wissenschaftliche Karriere. Ich blickte daher in Richtung Wirtschaft.

Bald wurde ich zu einem Bewerbungsgespräch bei einer anwendungsnahen IT-Beratung eingeladen. Ich erhielt eine Festanstellung in dem neu gegründeten Analytics- und KI-Team. Dort fand ich viele gleichgesinnte Kollegen aus der Wissenschaft mit auffällig ähnlichen Lebensläufen. Rückblickend fühlte sich der Wechsel von der Wissenschaft in die Wirtschaft wie der Sprung von einem Zehn-Meter-Turm an. Beide Welten scheinen zunächst weit voneinander entfernt: Man redet völlig unterschiedlich und folgt anderen Zielsetzungen mit ganz unterschiedlichen Geschwindigkeiten.

Auf den zweiten Blick gibt es aber viele Gemeinsamkeiten. Sowohl in der Wirtschaft als auch in der Wissenschaft müssen innerhalb eines abgesteckten Zeitrahmens messbare Erfolge erreicht werden. Dabei bilden Daten eine essenzielle Grundlage, um Hypothesen zu überprüfen und neue Erkenntnisse zu gewinnen. Am Anfang vieler Projekte steht zuerst die Sicherstellung einer guten Datenqualität: Beispielsweise haben stark verrauschte und wenig aufgelöste Aufnahmen bei ultravioletten Wellenlängen von nahen Objekten im Universum viele Ähnlichkeiten mit Fotos von Schäden an Schiffscontainern bei Schlechtwetter. Daran schließt sich unmittelbar die Auswertung der Daten mittels Analytics und künstlicher Intelligenz an. Hier halten moderne Algorithmen wie etwa Entscheidungsbäume und neuronale Netze gleichermaßen Einzug bei der Analyse von umfangreichen Datensätzen. Sie ermöglichen genauso die Klassifizierung von schwarzen Löchern anhand ihrer Spektraldaten wie auch das Nachspüren von Bahntürdefekten anhand von Motorstromsignalen.

Wissenschaftler haben, besonders nach umfangreicher Forschungserfahrung, noch andere wichtige Kompetenzen: Resilienz, Ausdauer und Abstraktionsvermögen. Sie besitzen die Fähigkeit, sich schnell in neue Themen einzuarbeiten. Ihre Neugier treibt sie zu Innovationen an. Die harte Schule der exakten wissenschaftlichen Arbeit ist eine gute Grundlage für Erfolge im Wirtschaftsleben. Und dennoch: Die Entscheidung, in die Wirtschaft zu gehen, ist ein schwerwiegender Entschluss für alle Naturwissenschaftler, die für ihr Thema brennen.

Wolfgang Schmidbauer

Bis dass der Tod euch scheidet!

Warum schlechte Beziehungen oft länger halten als gute

Eine meiner ersten Begegnungen mit der paradoxen Stärke negativer Bindungen erlebte ich in einer Therapiegruppe, in der ein Mitglied über das Mobbingerleben in einer Firma berichtete. Er arbeitete dort seit vielen Jahren und hatte schon eine Reihe Prozesse vor dem Arbeitsgericht geführt, in denen es ihm gelungen war, Abmahnungen anzufechten und nach einer formal fehlerhaften Kündigung erfolgreich auf Weiterbeschäftigung zu klagen. Er schilderte Stress, Ängste und Schlaflosigkeit, verweilte aber auch triumphierend bei den juristischen Fehlern seiner Vorgesetzten.

Anfangs hörte die Gruppe teilnahmsvoll zu, und einige Mitglieder erzählten ebenfalls von einem cholerischen und inkompetenten Chef. Nach einiger Zeit tauchte die Frage auf, warum er sich den Stress am Arbeitsplatz und die mangelnde Anerkennung in dieser Firma zehn Jahre lang gefallen lasse. An diesem Punkt schien das Mobbingopfer sein Interesse an einer Fortsetzung der Diskussion zu verlieren. Der geplagte Angestellte sagte vage, es habe sich eben nichts anderes gefunden, es sei nicht seine Art, sich kampflos geschlagen zu geben. Auf Nachfragen gestand er, er habe niemals ernsthaft an eine neue Stelle in einer anderen Firma gedacht.

Später lernte ich während der Coachingarbeit mit Vorgesetzten die andere Seite kennen: das tiefe Unverständnis für das Verhalten von Mitarbeitern, die offensichtlich unglücklich an ihrem Arbeitsplatz seien, durch mangelhafte Arbeit, Unzuverlässigkeit und viele Fehlzeiten auffielen, aber mit hohem Engagement gegen alle Bestrebungen ankämpfen würden, sich von ihnen zu trennen.

Besser das bekannte Übel als das unbekannte Gut?

Die lakonische Zusammenfassung bringt uns dem Verständnis nicht näher. Die Dynamik der Situation entfaltet sich zwischen dem Beobachter, der eine Leidensgeschichte hört und sich wundert, warum die Betroffenen keinen anderen Weg einschlagen, und dem Erzähler, der mit keinem Wort erwähnt, was die Trennung zu einem noch größeren Schmerz machen würde als sein gegenwärtiges Leid. Der Beobachter reagiert auf die einseitige Schilderung mit dem Vorschlag einer rationalen Entscheidung: »Wenn dich der Schuh drückt, zieh in aus und probiere einen anderen!«

Im Erleben des Beobachteten ist diese Entscheidung, an die er schon oft gedacht hat und die er immer verwarf, nicht möglich. Der Schmerz, über den er klagt, ist mit einer Verlustangst verbunden, die er nicht erwähnt. Den drückenden Schuh auszuziehen, ist eine Sache; barfuß über Dornen zu laufen, eine ganz andere.

Der über Mobbing klagende Mitarbeiter erwähnt nicht, dass seine Stelle gut dotiert ist und er bei einem Wechsel größere Unsicherheit und womöglich ein geringeres Gehalt in Kauf nehmen müsste. Wer sein Vertrauen erwirbt und zusammen mit ihm auch verborgene Ängste entdecken darf, findet noch heraus, dass er seit Jahren so viel Energie in seinem Kampf gegen die Vorgesetzten verloren hat, dass er in seiner eigentlichen Aufgabe nicht mehr so fit ist wie andere.

Er hat Fortbildungen ausgelassen, weil er sich für seinen bösartigen Chef nicht auch noch besser qualifizieren wollte, hat so viel Energie in seine befestigte Stellung investiert, dass er für Aufbruch und Neuanfang in sich keine Kraft mehr fühlt. Kritische Fragen seines Erzfeindes über seine berufliche Entwicklung konnte er ignorieren; angesichts eines freundlichen Personalchefs wäre er in Bedrängnis geraten.

Video meliora proboque, deteriora sequor.[1]

Dem Verständnis dieses Verhaltens kam ich näher, als ich mich mit der Psychologie des Selbstgefühls[2] beschäftigte. Zeitweise habe ich dann Führungskräften geraten, in bestimmten Situationen eine Gehaltserhöhung oder eine Beförderung zu gewähren, wenn sie über die Erschwernisse des deutschen (Beamten-)Rechts klagten und längere Zeit vergeblich versucht hatten, einen Mitarbeiter durch möglichst schlechte Behandlung loszuwerden.

Der gemobbte Mitarbeiter klammert sich an seinen Job, meldet sich krank, wenn es zu schlimm wird, kämpft wie ein Löwe gegen alle Versuche, ihn kleinzukriegen. Er kann nicht mehr daran denken, sich anderswo zu bewerben. Die Kränkungen hier, sie kennt er, aber woher soll er die Zuversicht, das optimistische Selbstgefühl und die Initiative nehmen, sich an anderer Stelle zu bewerben? Gar das Risiko einer Probezeit auf sich zu nehmen, wo doch seine gegenwärtige Stelle ihn täglich belehrt, dass es am Arbeitsplatz schlecht ausgeht und man gar keine Chance opfern darf, sich dort festzukrallen! Wenn aber der Chef ihm Gutes tut und sein Selbstgefühl stärkt, wächst auch die Chance, dass er den Mut fasst, sich neu zu orientieren.

Ehe es möglich ist, sich für das »Bessere« zu entscheiden, muss man es sich zutrauen. Wenn intensive und länger dauernde negative Erfahrungen das Selbstgefühl belasten, kippt die primäre Zuversicht des Menschen(kindes) ins Negative. Es erwartet nicht mehr, dass Anfänge ein gutes Ende nehmen. Da es ängstigender ist, auf einen Kampf zu warten, als ihn zu führen, wissen wir aus vielen Erfahrungsberichten (die ersten stammen von dem Entdecker der psychoanalytischen Pädagogik, dem Wiener August Aichhorn[3]), dass jugendliche Straftäter eine gute Behandlung schlecht ertragen. Sie versuchen durch grausamen Einfallsreichtum, den wohlwollenden Pädagogen möglichst nachhaltig in eben jenen prügelnden Erzieher zu verwandeln, der bisher einen überwältigenden Eindruck auf sie gemacht hatte.

Eine gute Behandlung bedrückt sie, weckt heftige Ängste und Unsicherheit. In ihr liegt auch die Frage, ob ich sie erwidern kann, ob nicht meine Versuche, ein besserer Mensch zu werden, so kläglich scheitern, dass ich am Ende mit noch ärgeren Ängsten auf der Strecke bleibe. Ich werde zwischen den Stühlen landen. Ich habe die zugegeben nicht besonders gute Identität als Dieb und Räuber aufgegeben. Ich war einer, der sich nichts gefallen lässt und zurückschlägt, ehe er geschlagen wird. Das bin ich nicht mehr. Aber was bin ich? Was passiert, wenn ich nirgends ankomme? Dann bin ich ein Komplettversager, das Gutsein ist mir missraten, und die bösen Jungs, die mich vorher respektiert haben, lachen mich aus.

Den Punkt der Umkehr erreichen

August Aichhorn war Therapeut, kein Autor von Kriminalromanen und Serien vom Typus Criminal Minds, in denen mit unendlicher Ausdauer und ebenso konstantem Publikumsinteresse der unwiderstehliche Weg zum Serienmörder rekonstruiert wird. Aichhorn beschrieb, wie die jugendlichen Diebe, die sich selbst zum Bösewicht geformt hatten, um vom Bösen in ihrer sozialen Umgebung nicht so hart getroffen zu werden, durch Unerschütterlichkeit des Erziehers endlich den Punkt der Umkehr erreichen. Als Pionier hat er das optimistisch gesehen und in erster Linie erfolgreiche Verläufe beschrieben.

Heute wissen wir, dass es keineswegs immer gut ausgeht, wenn sich Soziotherapeuten solcher Fälle annehmen und von der Justiz darin unterstützt werden. Aber selbst wenn nur in der Hälfte der Fälle eine dissoziale Identität aufgelöst werden kann, ist das nicht nur humaner, sondern auch bei Weitem ökonomischer, als gar nichts zu tun.

Angst vor der falschen Entscheidung

Noch weit ökonomischer wäre es freilich, energisch in die frühe Förderung sozial benachteiligter Kinder zu investieren.[4] Es ist schon lange nachgewiesen, dass solche Programme in vielen Fällen das Abgleiten in Drogenmissbrauch und Kriminalität verhindern. Leider funktioniert es in der Mediengesellschaft weit besser, Geld für die Verbrechensbekämpfung locker zu machen, als Chancen für Kinder aus dysfunktionalen Familien zu finanzieren und so Kräfte gegen die entsprechenden Fehlentwicklungen zu mobilisieren.

Diese Fehlentwicklungen hängen damit zusammen, dass die moderne Gesellschaft ihre eigene Unübersichtlichkeit mit wachsender Kälte im Sinn einer juristischen Überregulierung und Empathiefeindlichkeit in den Griff nimmt. Ob das gar nicht anders gehen kann, lässt sich nicht entscheiden; die Nachteile dieser Vorgehensweise aber werden immer deutlicher. Während die Probleme mit Feinstaub, Artensterben, Klimawandel und so vielem anderen immer schwerer zu regulieren sind, je länger nichts unternommen wird, dauern Entscheidungsprozesse länger, wächst das Bedürfnis, sich nach allen Seiten abzusichern.

Je komplexer die Lage, desto mehr Fehler können wir machen. Wenn wir nun danach streben, so viele Fehler wie möglich durch Regelwerke zu vermeiden, kommen wir nicht mehr ohne Datenverarbeitung aus. Die moderne Elektronik arbeitet rasend schnell – aber irgendwo sitzt immer ein Mensch, der die Verantwortung trägt und sich informieren muss, um sie zu treffen. Und dieser Mensch hat, weil Mensch, Angst vor einer falschen Entscheidung. Also muss er so viele Informationen wie möglich sammeln, um einigermaßen sicher zu sein, dass er keinen Fehler macht. Da hilft die rasante Datensammlung gar nichts mehr – im Gegenteil. Irgendwann muss, etwa bei einem Gerichtsprozess, die digital gesammelte Informationsmenge in menschliche Gehirne gefüllt werden. Innerhalb der digitalen Welt ist der Nürnberger Trichter quasi längst erfunden und absolut selbstverständlich, aber an der Schnittstelle zur menschlichen Verantwortung staut es sich beträchtlich.

Es gibt nur wenige Berufsgruppen, die trainiert sind, schnell zu handeln: Polizei, Feuerwehr, Notärzte, Soldaten. Die gesellschaftliche Entwicklung hat sie alle in Nischen gesperrt, obwohl wir genau ihre Fähigkeiten dringend bräuchten. Nur dort ist auf einer professionellen Ebene klar, dass die Angst vor einer falschen Entscheidung gegenüber der Angst vor gar keiner Entscheidung, vor Untätigkeit zurücktreten muss. In der Politik ist das ganz und gar nicht ausgemacht; daher verdient auch der Satz von Greta Thunberg vor der UN »I want you to panic« die Aufnahme in das goldene Buch der politischen Sprüche, neben »Keine Experimente« und »Ich bin ein Berliner«.

Selbstverständlich wird in der Öffentlichkeit die immense Macht der Angst schöngeredet, etwa als Verantwortungsgefühl, als Pflichtbewusstsein gegenüber den Gefahren des übereilten Handelns oder der Nachlässigkeit. Aber wer etwas tiefer gräbt, findet im Festhalten am Schlechteren, obwohl das Bessere bekannt und gebilligt ist, immer die Angst vor Scham, vor Schuld, vor dem Vorwurf, versagt zu haben. Wer nichts tut, auf jeden Fall nichts Unerwartetes, nichts Neues, kann sich selbst und anderen vormachen, er sei noch damit beschäftigt, in den Tiefen der eigenen Psyche oder in der Unergründlichkeit der Welt die optimale Lösung zu suchen.

Wer hat Angst vor Virginia Woolf?

Das brillante und durch die Verfilmung mit Liz Taylor und Richard Burton enorm populäre Stück von Edward Albee zeigt eine Ehe, deren Kitt geradezu die Fähigkeit der Partner ist, sich gegenseitig bloßzustellen und tief unter die Gürtellinie zu schlagen. Was ist aus dem Traumpaar geworden, das sich der silbernen Hochzeit nähert, aus Martha, der Tochter eines College-Präsidenten, und George, dem begabten Dozenten für Geschichte? Zwei gescheiterte Existenzen, die in ihrer Sehnsucht nach Liebe enttäuschte Frau, die in Affären mit jüngeren Männern Trost sucht, neben dem in Routine erstarrten Zyniker, der den Schmerz über

seine Mittelmäßigkeit in Alkohol ertränkt. Jeder macht sein Gegenüber für den miesen Zustand seines Lebens verantwortlich.

Wer hat Angst vor Virginia Woolf? ist psychologisch treffsicher konstruiert. Als Wurzel des Elends lässt sich Unfruchtbarkeit fassen, in mehr als einem Sinn: Statt sich gemeinsam zu entwickeln und so einander zu helfen, stärker zu werden, Schwächen zu überwinden, sind Martha und George nur enttäuscht voneinander, ihre Beziehung hat mit einem illusionären Gipfel begonnen und sich in ihrem Verlauf als wachsende Enttäuschung entpuppt.

Wer solche Beziehungen in der paaranalytischen Praxis kennenlernt (und es gibt sie in der Tat), beobachtet zwei in ihrem Selbstgefühl geschwächte und primär verletzte Personen, die sich von einer romantischen Liebe viel zu viel versprochen haben. Einzeln fühlten sich beide unfertig und noch weit entfernt von ihrem Ich-Ideal, von dem Menschen, der sie werden wollten.

Martha wäre gerne eine liebende Frau und Mutter geworden, nicht das verwöhnte, anspruchsvolle Papakind geblieben, das viel Liebe will und wenig gibt. Aber sie fühlte sich nicht stark genug, diesen Schritt zu wagen. George sollte sie zu diesem Ziel tragen. Aber dazu war er nicht stark genug: ein in seinem Gefühlsleben kindlich gebliebener Intellektueller, der von seiner Prinzessin vergeblich erwartet, in einen Mann verwandelt zu werden, wie vielleicht ihr Vater einer war.

Die Ehe bleibt kinderlos und verliert so die riskante Chance eines von innen heraus erzwungenen Reifungsschrittes. *Wer hat Angst vor Virginia Woolf?* beleuchtet den Stillstand in einem Paar mit unerfülltem Kinderwunsch. Im Verlauf des Stücks stellt sich heraus, dass Martha und George Entlastung in dem Tagtraum von einem gemeinsamen Sohn suchten, der nun auch noch der gegenseitigen Entwertung zum Opfer fällt. Marthas Hoffnung, an Georges Seite zu reifen, sich Mutterschaft zuzutrauen, die jedem Papakind mit einer negativ getönten Mutterbeziehung so viel Angst macht, ist ebenso enttäuscht worden wie Georges Erwartung, an Marthas Seite selbstbewusster zu werden, sich den nächsten Karriereschritt zuzutrauen.

Narzisstischer Kannibalismus

Solche Beziehungen scheitern an passiven Erwartungen und zementieren sich selbst durch eine wachsende Passivität. Die Enttäuschung bindet das Paar. Gegenüber einem verantwortungsbewussten, reifen Partner müsste Martha ebenso wie George persönlich die Verantwortung für ihr Versagen, für ihre Selbstgefühlsdefizite und Entwicklungsängste übernehmen. Sie können dieser Kränkung nicht standhalten und haben gegen sie eine Strategie entwickelt, die sich als narzisstischer Kannibalismus beschreiben lässt: Ich darf mich nicht von der Quelle meiner Kümmernisse trennen, denn ohne sie muss ich selbst Verantwortung für meinen Zustand übernehmen. Ohne die Verbindung mit dieser Person wäre mein Leben ganz anders und viel besser verlaufen, er/sie hat mich kaputt gemacht, ich bin eigentlich in Ordnung, aber ich bin verraten worden.

In der Paaranalyse wird nicht selten deutlich, dass unter der aufgewühlten Oberfläche Reste der ursprünglichen, romantischen Illusion von einer Liebe, die alles gutmachen kann, erhalten bleiben. In nachdenklicheren Stunden spricht einer der verfehdeten Partner davon, wie er in Zeiten der Ruhe, wenn beispielsweise die Ehefrau ihre Verwandten besucht (die natürlich ebenso unmöglich wie sie sind, weshalb der Mann auch nicht mitfährt), plötzlich zärtlich an seine Frau dachte und für sie eine Reparatur erledigte, die er bisher (»mach es doch selber!«) verweigert hatte. Dann schnitt er noch frische Blumen im Garten und stellte einen Blumenstrauß auf ihren Schreibtisch.

Als die Partnerin eintritt, steht die zärtliche Stimmung auf der Kippe. Er wartet gespannt, ob sie bemerkt, was er für sie getan hat, und sich ihm endlich ganz genau so zuwendet, wie er es erträumt hat. Sie ist noch voller Ärger, weil die Verwandten geklagt haben, sie seien ihrem Mann offenbar nicht gut genug. Sie übersieht die Blumen. Jetzt stellt er sie zur Rede, fordert ihren Dank, er tue etwas für die Beziehung, und sie? Schnell bricht der vertraute Streit aus, sie nennt den Blumenstrauß einen Manipulationsversuch, er reißt ihn aus der Vase und wirft ihn in den Müll.

Es ist ein vielfach geschätzter Trost in Selbstzweifeln, an Personen zu denken, die noch weniger wert sind als ich. In der biblischen Geschichte begegnet uns dieses Manöver im Stoßgebet des Pharisäers: »Herr, ich danke dir, dass ich nicht so bin wie dieser!« Wilhelm Busch wendet es ins Antisemitische: »Das ist Schmulchen Schievelbeiner – Schöner ist doch unsereiner!« Wenn aber Martha nicht nur denkt, sie sei weniger verkorkst als George, sondern ihm das auch detailreich klarmacht, sägt sie den Ast ab, auf dem sie sich gerne ausruhen würde.

Und George tut es ihr gleich. Sie brauchen einander, um den Schmerz über ihre kaputte Beziehung zu ertragen, denn für jede Seite ist die andere daran allemal schuldiger. Und es gibt noch einen weiteren narzisstischen Gewinn: den Stolz auf die so mühsam erkämpfte und bewahrte (Pseudo-)Überlegenheit über die Illusionen anderer Paare, in *Wer hat Angst vor Virginia Woolf?* verkörpert in dem sozusagen taufrischen Paar Honey und Nick. Nick ist ein junger Kollege, Honey ist süß, beide liefern den Anlass, nebenbei in der Tragikomödie des eigenen Scheiterns den Gästen ihre langweilige Naivität vorzuführen.

Es ist eines der lösbaren Rätsel des Beziehungslebens, dass eine risikofreudige Liebesbeziehung, die Entwicklung zulässt, oft weniger stabil ist als eine lieblos gewordene Bindung. Um den Schritt vom bekannten Übel zum unbekannten Gut zu wagen, muss das Ich die Einsicht zulassen, dass es gescheitert ist und die gegenwärtige Situation den Tod ins sich trägt. Erst dann gelingt der Aufbruch nach dem Motto der Bremer Stadtmusikanten in Grimms Märchen: »Etwas Besseres als den Tod finden wir überall!«

An diesen Punkt zu kommen, ist nicht selbstverständlich. Die Dyade enthält mehr als jede andere Beziehung die Versuchung, passiv zu bleiben und unangenehme Inhalte des eigenen Erlebens nach außen, in den Partner zu verlegen. Man sollte sich das so vorstellen – immer wenn Martha oder George sich dem Entschluss nähern, dass ihre Ehe gescheitert ist und es besser wäre, sich zu trennen, schießt der Gedanke quer: Nicht wir sind gescheitert, sie/er hat das gemacht, ich denke doch gar nicht daran, ihr/ihm die Plage abzunehmen, das durchzuziehen. In Paar-

analysen ist es gerade bei den späten Krisen häufig so, dass beide Partner behaupten, sich einig zu sein: »Wir müssten uns eigentlich trennen.« Gleich danach konstituiert sich das Patt: »Aber du machst ja nichts.« Ich sage dann: »Ein Wir kann sich nicht trennen, dazu benötigen Sie ein Ich.«

Und die zwei werden ein Fleisch sein

Die besondere Qualität der Dyade hat in der biblischen und griechischen Mythologie zu dem Bild geführt, dass sich nicht bisher getrennte Einheiten zusammentun, sondern ihr Bund eine frühere Einheit wiederherstellt. Der heidnische Mythos ist detaillierter und quasi erotischer als der jüdisch-christliche, in dem Eva aus Adams Rippe geformt wird. In der griechischen Sage waren die ersten Menschen kugelrund und so stark, dass die Götter sich vor ihnen fürchteten und Zeus beschloss, sie zu schwächen. So durchtrennte er sie mittig, wie man Eier mit einem Haar schneidet, und zog die Haut wieder zusammen. Ursprünglich gab es drei Geschlechter: Mann, Frau und Mannfrau gemischt; seither sehnen sich – je nach ihrer ursprünglichen Zugehörigkeit – Männer nach Männern, Frauen nach Frauen, Frauen nach Männern und Männer nach Frauen.

Was Aristophanes da in Platons *Symposion*-Text erzählte, war so woke, wie es sich das christliche Abendland ein paar Tausend Jahre nicht vorstellen konnte. Die Geschichte von den getrennten Kugelwesen hat aber ihre melancholische Pointe bewahrt: Das Sehnen nach dem Lebensmenschen schwächt, es kostet Energie, wenn es unerfüllt bleibt und in rastlose Suche oder Polyamourie mündet, aber es kostet auch Entschlusskraft, wenn es erfüllt wird.

Eine nach ihren Aussagen glücklich verpartnerte Frau berichtet: »Seit Jahren stört mich, dass ein kleiner Raum in unserer Altbauwohnung so hässlich ist. Ich habe da eine kleine Schneiderwerkstatt, einen Tisch, die Nähmaschine und einen Schrank, ich nähe mir gerne selbst etwas.

Immer, wenn ich dachte, ich muss hier mal die Wände streichen, das alte Fenster abschleifen und lackieren, habe ich auch gedacht: Warum ich? Mein Mann könnte das doch gerade so gut machen. Oder wir beide. Ich sagte dann vielleicht auch einmal: Wir müssten endlich das Saukammerl herrichten! Und stimmt zu, ja, wenn wir mal Zeit haben. So ging das jahrelang. Wir fahren immer zu zweit in Urlaub, aber irgendwann gab es eine Ausnahme. Er hatte eine Einladung mit dem Mountainbike in die Alpen, ich hatte dazu gar keine Lust. Und als er weg war, bin ich durch die Wohnung gegangen, habe das Fenster gesehen, an dem die Farbe abblättert – und plötzlich war mir klar: Jetzt mache ich es. Und so ist es dann gekommen. Ich habe einen Tag lang gearbeitet, dann war ich sehr zufrieden, dass ich es geschafft hatte. Als mein Mann kam, habe ich ihm alles gezeigt, und er hat es bewundert, wie es sich gehört. Aber ein wenig wundere ich mich schon, dass ich, wenn er da ist, mich nicht aufraffen kann.«

Die moderne Psychologie führt die Dynamik unserer Liebesbindungen nicht mehr auf die Macht der Götter zurück. Unsere Mythologie ist die Evolutionstheorie: Wie haben sich die Psyche und ihre Bedürfnisse in der Menschwerdung geformt, wie gestalten sie prägende Erfahrungen in einer individuellen Biografie?

Man könnte annehmen, dass die Ehe entstanden ist, als der Mensch Viehhaltung und Ackerbau entdeckte und es daher notwendig wurde, rechtmäßige Erben für diese Besitztümer zu finden. Aber diese Hypothese ist falsch. Es gibt bereits in den Jäger- und Sammlerkulturen die Institution der Zweierbeziehung, des festen, mehr oder weniger eifersüchtig behüteten Partners einer Frau und der Elternschaft von Mann und Frau.

Das Sozialverhalten der urtümlichsten menschlichen Gesellschaften unterscheidet sich von dem der Menschenaffen in drei Details: Werkzeugherstellung, Sprache und sexuelle Paarbindung. Das Sexualleben der Menschenaffen ist promiskuös; bei Gorillas und Schimpansen paaren sich die Weibchen im Östrus mit allen ranghohen und mit einigen rangniedrigen Männchen. Bindungen von vergleichbarer Intensität wie

die menschliche Paarbindung sind bei den Primaten nur die zwischen der Mutter und ihren Kindern.

Im Anschluss an Vernon Reynolds[5] vermute ich, dass diese Paarbindung in der frühen Altsteinzeit entstand, als Protohominiden die offene Savanne besiedelten und unsere Vorfahren von Pflanzenessern zu Jägern wurden. Die Jagd wurde eine Tätigkeit der Männer, während die Frauen mit den Kindern an einem Lagerplatz blieben, in dessen Umgebung sie Pflanzen suchten.

Solange die sexuelle Erregung ausschließlich über den Geruch gesteuert wurde, galt: »Aus der Nase, aus dem Sinn!« Die gesteigerte, nicht an den Östrus gebundene, sondern in erster Linie durch optische Reize ausgelöste sexuelle Aktivität des Menschen wurde eine Hälfte des Bandes, um die Männer zu bewegen, von ihren Jagdzügen zu ihren Frauen heimzukehren und mit ihnen die Beute zu teilen. Die andere Hälfte war eine Erweiterung der zärtlichen, beschützenden Bindung der Mutter an ihr Kind in die Sexualität hinein.

In den Primatengruppen des Tier-Mensch-Übergangsfeldes herrschte eine intensive genetische Auslese, die mit der Entwicklung der Sprache und damit der kulturellen Tradition durch eine Auslese symbolischer Strukturen ergänzt und überformt wurde.

Allem Anschein nach hatten bereits in den altsteinzeitlichen Kulturen Individuen in Gruppen mit sexuellen Paarbindungen bessere Fortpflanzungschancen. Eine Dyade, die unterschiedliche Ressourcen erschließt (wie das Jagen in der Steppe und das Sammeln im Schutz des Waldrandes), gemeinsam den Nachwuchs beschützt und durch Geschwisterbindungen mit vielen anderen Familien vernetzt ist, bot Selektionsvorteile; als die agrarischen Kulturen legitime Erben suchten, war die Zweierbeziehung schon da und musste nur strikter normiert werden.

Den Anderen mitdenken

Die Baumeister der Evolution sparen, wo sie können. Sie nutzen, was vorhanden ist, und verwenden es neu (machen beispielsweise aus dem Vorderfuß die Flosse). Die menschliche Sexualität gleicht einem Gebäude von komplexer Struktur, das sehr unterschiedliche Elemente zu einem wirkungsvollen, aber auch gefährdeten Ganzen verbindet.

Wenn die Paarbindung Anleihen bei der Bindung zwischen Mutter und Kind macht, müssen die Männer sozusagen kindlicher, abhängiger werden, um auch noch im erwachsenen Alter Paarbindungen aufrechtzuerhalten. Die Frauen mussten sich daran gewöhnen, »ihren« Mann ähnlich an sich zu binden wie ihre Kinder.

Zu den zentralen Qualitäten des kindlichen Befindens gehört die Überzeugung, alleine nicht überleben zu können. Sie ist die Quelle der tiefen, irrationalen Abhängigkeit im menschlichen Leben. Wenn ein Kind auf der Straße nach seiner verlorenen Mutter schreit, beruhigt es sich sofort, wenn diese zurückkommt. Die Mutter mag eine Sadistin sein, die das Kind prügelt, sobald sie es sieht. Dennoch zieht sie das Kind der freundlichen Passantin vor.

Diese Qualität wird in unseren sexuellen Beziehungen geweckt, wenn wir ihnen den Charakter der Dauerhaftigkeit zuschreiben. Solange sie diese nicht haben, ist der Liebeskummer meist oberflächlich und wird schnell vergessen. Aber die drohende Auflösung einer *festen* Beziehung weckt Ängste, kindliches Klammern oder Reaktionsbildungen (wie wütende Distanzierung, Zerstörung des Liebespartners). Sie ist die Quelle subjektiv unerträglicher Spannungen, die sich in Flucht und/oder Kampf entladen.

Die tiefe Bezogenheit auf das Liebesobjekt befähigt den Menschen zu großartigen Leistungen für seinesgleichen; sie führt dazu, dass er fähig wird, in seinem eigenen Handeln immer einen anderen mitzudenken. Sie macht ihn zu Vater und Mutter, zur Priesterin und zum Staatsmann.

Anderseits kann die Tatsache, dass diese Bezogenheit aus dem Material kindlicher Abhängigkeit geschmiedet ist, auch dazu führen, dass

in Krisen eine destruktive Wut wiederkehrt, mit der das kleine Kind den Eltern einimpft, dass Verlassenheit unerträglich ist. Und da diese Wut als höchst gefährlich erlebt wird, wächst in Zweierbeziehungen auch die Gefahr einer Art Verkalkung und Stagnation, um das einmal erreichte Gleichgewicht auf gar keinen Fall zu gefährden. In dem Beispiel von der Frau, die während einer zufälligen Trennung aus einer Art Lethargie erwacht, wird diese Nebenwirkung der Zweisamkeit im Alltag fassbar.

Nach »normalen« Trennungsschmerzen wird das Kind die Eltern wieder annehmen; nach traumatischen Trennungen gelingt das nicht – der Säugling, der stundenlang schreien musste, verweigert die Brust; das verletzte Kind, das im Krankenhaus eine Notoperation durchlitt, dreht das Gesicht zur Wand, wenn die alarmierte Mutter erscheint. Kleine Trennungen festigen die Bindung, große Trennungen stören, traumatische Trennungen vernichten sie.

Die sexuellen Triebe gestalten sich durch die Verbindung mit der intensiven Angst des verlassenen Kindes neu. Sie verlieren ihre Nähe zum Hunger nicht vollständig, aber sie gewinnen auch die Macht, Leben nicht nur zu schaffen, sondern es zum Stillstand zu bringen. Mit gutem Grund ist in jedem Mordfall der Sexualpartner auch der erste Verdächtige. Die Paarbeziehung, dieses Bastelwerk aus leidenschaftlichem Begehren und der Sehnsucht nach verlässlicher Zärtlichkeit, wird bis heute in unterschiedlichen Kulturen kontrolliert, ja bekämpft, oder aber idealisiert und überschätzt.

Wenn wir die Naturgeschichte lesen, war das Paar in dem Zeitraum genetischer Formung gleichberechtigt und in seinen Aufgaben (mit Überschneidungen) polarisiert. Die Männer jagen, die Frauen sammeln, beide kümmern sich um die Kinder, die freilich in einer Kindergruppe heranwachsen, nicht in der Kernfamilie. Nichts stellt sich dem Gedanken in den Weg, dass es die romantische Liebe bereits in dieser Zeit gab.

Erst in den letzten Jahrtausenden, einem winzigen Zeitraum angesichts der Zeit, in der unsere Ahnen jagten und sammelten, haben sich vom Besitz geprägte Kulturen entfaltet und eine Struktur entwickelt, in der Menschen andere Menschen in ihr Eigentum zwingen. Der Gedanke

in Platons *Symposion*, dass die Liebe nach Wiederherstellung eines verlorenen Zustands trachtet, lässt sich in die Evolution projizieren: Im polyamourösen Nachtleben der Großstadt suchen Männer und Frauen nach der Freiheit, die sie im goldenen Zeitalter freier Not der Altsteinzeit, im Leben von der Hand in den Mund noch besaßen, während Taliban und Boko Haram Kolonisatoren sind, den Missionaren vergleichbar, die nackte Wilde bekleiden und zähmen.

Die Ruhe und der Friede der Symbiose behalten daher etwas von der Qualität des Erschöpfungsschlafes, den Eltern eines Säuglings kennen. Wo zwei sich sehr eng verbinden, droht die Gefahr, dass sich einzelne Handlungsimpulse nicht unterstützen und verstärken, sondern lähmen. Wenn du nichts machst, mache ich auch nichts, wir müssten etwas machen, aber jetzt wärst du dran, wieso passiert nur so wenig?

Drum prüfe, wer sich bindet

Dank ihrer Nähe zur Symbiose von Mutter und Baby ist die Dyade eng mit einer Fantasie der Unauflöslichkeit verknüpft. In der christlichen Ehelehre ist der Rückbau unerwünscht; die Ehe schafft ein Individuum im wörtlichen Sinn, ein Unteilbares. Je mehr Erfahrungen ein Analytiker mit der Bindungskraft von Symbiosen sammelt, sei es die zwischen Eltern und Kindern, sei es die in Paaren, desto weiter wird er sich von dem impulsiven Rat entfernen: Lasst euch doch endlich scheiden! Wenn es so einfach wäre?

Das Thema der Scheidung durch den Tod spiegelt sich in dem hohen Prozentsatz von Tötungsdelikten in Partnerschaften. Psychodynamisch entspricht sie nicht einer Trennung, denn wo die Tötungsfantasie um sich greift, ist das Liebesobjekt meist schon verloren. Es zu töten, entspricht dem Versuch, es sich für immer anzueignen und die Tatsache ungeschehen zu machen, dass es sich aus der Symbiose gelöst hat. 2015 traf fast jeder zweite Mord (42,4 Prozent) weiblicher Täter einen Partner.

Weit häufiger richtet sich die Aggression nach innen; in Mitteleuropa treffen auf einen Mord rund zehn Suizide.

Wer das gegenwärtige Beziehungsleben verfolgt und eine gewisse Zeitspanne überblickt (die erste Paartherapie des Autors begann 1975), gewinnt den Eindruck, dass Beziehungen gleichzeitig sehnsüchtiger gesucht und weniger ertragen werden. In den Metropolen sind Einpersonenhaushalte schon länger die am schnellsten wachsende Lebensform. Unterirdisch hängen die Angst vor Nähe und die Sehnsucht nach dem »richtigen« Gegenüber zusammen: Wo die symbiotischen Wünsche schmerzhaft enttäuscht wurden, rettet die Vermeidung jeder Bindung das Selbstgefühl vor allzu heftigen Erschütterungen.

Die Bewahrung eines als unentbehrlich erlebten Kerns zementiert Beziehungen, die für keinen Beteiligten angenehm oder produktiv sind, von glücklich ganz zu schweigen. Es sind chronisch gewordene, manchmal noch lautstarke, vielfach aber ganz stumme Tragödien. Sie liegen sperrig wie abgeschliffene Findlinge aus hartem Stein in den blühenden Wiesen, die ein digitaler Hedonismus dem menschlichen Liebesbedürfnis verspricht.

Anmerkungen

1 »Ich sehe das Bessere, billige es, und folge dem Schlechteren«. Viel zitierter Vers aus den Metamorphosen des römischen Dichters Ovid.

2 Vgl. Wolfgang Schmidbauer: *Die Geheimnisse der Kränkbarkeit und das Rätsel des Narzissmus.* Stuttgart 2018; sowie ders.: *Persönlichkeit und Menschenführung. Vom Umgang mit sich selbst und anderen.* München 2004.

3 August Aichhorn: *Verwahrloste Jugend: Die Psychoanalyse in der Fürsorgeerziehung. Zehn Vorträge zur ersten Einführung. Mit einem Geleitwort von Sigmund Freud.* Wien 1925; zuletzt: 11., unveränderte Auflage, Bern 2005.

4 Die entsprechenden Studien hat Felix Berth vom Deutschen Jugendinstitut sehr überzeugend zusammengefasst. Siehe Felix Berth: *Die Verschwendung der Kindheit.* Freiburg 2013.

5 Vernon Reynolds: »Verwandtschaft und die Familie bei niederen Affen, Menschenaffen und dem Menschen«, in: Wolfgang Schmidbauer (Hrsg.): *Evolutionstheorie und Verhaltensforschung.* Hamburg 1974.

INTERMEZZO

WANN SIND SIE EINMAL EINE UNGEWÖHN
KOALITION EINGEGANGEN?

KERSTIN BEHNKE

Ungewöhnliche Verbindungen sind das A und O meiner künstlerischen Arbeit. Sie bergen Potenzial für Überraschungen, neue Ansätze und unvermutete Chancen. Aus unkonventionellen Koalitionen entstehen inspirierende neue Wege, wenn man den Mut hat, sich aufeinander einzulassen. Unkonventionelle Koalitionen gehe ich eher selten mit einem klar definierten Ziel ein: Einzig Offenheit und Interesse füreinander sowie eine Ahnung davon, wie sich diese Koalition gestalten könnte, sind schon oft in meiner Arbeit die Quelle für neue Formate und strahlkräftige, inspirierende Projekte gewesen.

Ich bin Dirigentin und unterrichte als Professorin für Chor- und Ensembleleitung an der Hochschule für Musik FRANZ LISZT Weimar. Ich bin spezialisiert auf das Einstudieren und Aufführen von Werken mit Chören, Orchestern und Ensembles. Und ich gebe diese Kompetenzen an meine Studierenden weiter. In allen Bereichen ist es mein Credo, Inspiration außerhalb tradierter Formen zu suchen: In der Interpretation, in Konzertprogrammen, Konzertkonzeptionen und in der Lehre gehe ich der Verbindung von Musik und zunächst entfernt scheinenden Bereichen nach.

In den daraus entstehenden fruchtbaren Koalitionen zeigt sich die Lebendigkeit, Lebensnähe und Relevanz von Musik.

Dazu drei Beispiele:

1 – Embodied Expression

Im Rahmen des künstlerischen Unterrichts an der Musikhochschule vermittle ich den Studierenden eine musikalische Gebärdensprache, mithilfe derer sie ein Ensemble leiten können. Ein inspirierendes Dirigat jedoch lebt, neben diesen technisch »handwerklichen« Aspekten, vor allem von individueller Ausdruckskraft, die feinste Nuancen der Interpretation durch Körpersprache vermittelt. Die Kommunikation zwischen Dirigierenden und Musiker*innen findet nonverbal und zu einem großen Teil auch unbewusst statt, es entsteht im besten Fall eine unmittelbare Verbindung zwischen allen Beteiligten. Die Qualität dieser Verbindung hat größten Einfluss auf das musikalische Erleben sowie das klangliche Ergebnis. Wie aber lehre ich diesen wichtigen Aspekt des Dirigierens, und ist das überhaupt möglich?

Ich habe über diese Frage mit einem Freund, Dr. Andreas Hetmanek, gesprochen, der in München eine Privatpraxis für psychologische Begleitung und Somatic Experiencing® betreibt. Somatic Experiencing® ist ein körperorientierter Ansatz zur Lösung von traumatischem Stress, den der Traumaforscher und Therapeut Dr. Peter A. Levine entwickelt hat. Andreas Hetmaneks erste Ideen zu meinen Fragestellungen waren, dass die Studierenden zunächst lernen müssten, ihren Körper als Schlüssel zu Stressregulierung und erhöhter Präsenz zu verstehen, sie das Gefühl von Sicherheit in ihrem Körper erleben beziehungsweise dieses überhaupt als solches erkennen lernen müssten.

Aus seiner Antwort ergab sich nicht unmittelbar eine Idee zur Umsetzung in den künstlerischen Unterricht, aber wir ahnten beide, dass in der Verbindung von körpertherapeutischer und musikalischer Praxis ein großes Potenzial schlummert. Es folgten viele weitere Gespräche, erste Arbeitsphasen, in denen wir unsere Methoden nebeneinanderstellten, ineinander verzahnten und zuletzt miteinander verschmolzen.

Und in diesem Prozess kristallisierte sich immer deutlicher heraus, dass wir dabei waren, die geradezu magisch anmutende Dimension der künstlerischen Ausdruckskraft, jenseits von Interpretation und technischen Fertigkeiten, als Gegenstand der Übepraxis greifbar zu machen.

Mittlerweile haben wir – in unserer ungewöhnlichen Koalition – einen Workshop für Instrumentalist*innen, Sänger*innen und Dirigent*innen entwickelt, in dem wir den Körper als Quelle und Medium künstlerischer Ausdruckskraft erschließen, und das *Embodied Expression Institut* gegründet.

2 – Unfrozen

Eine andere außergewöhnliche Verbindung bin ich vor einigen Jahren mit der Regisseurin Julie Beauvais, die ich bei einer Opernproduktion in Zürich kennenlernte, eingegangen. Die von ihrer Schauspielausbildung an der École Lecoq geprägte, sehr körperorientierte Herangehensweise an die Darstellung der Opernhandlung brachte mich auf die Idee, ihre Arbeit mit meinem Kammerchor TONIKUM

in Berlin zu verbinden. Was würde entstehen, wenn sich ein Chor aus der traditionellen und etwas starren Konzertaufstellung löste, die dem Singen innewohnende Dynamik aufnähme und in Bewegungen lenkte? Wäre es auch möglich, die Affekte der Musik, die tiefen Emotionen der vertonten Worte, aber im Gegensatz zur Oper handlungslosen Texte um eine körperliche Dimension zu erweitern?

In der ersten Arbeitsphase waren unsere Bereiche noch klar voneinander getrennt: Ich habe mit dem Chor die Werke, geistliche und weltliche Madrigale der Renaissance einstudiert, Julie Beauvais hat ein allgemeines und intensives Bewegungstraining mit dem Chor durchgeführt. Nach und nach begannen dann Bewegung, Musik und Text miteinander in Beziehung zu treten, einander zu durchdringen und zu beeinflussen – ein faszinierender Prozess. Es entstand eine völlig eigene, nicht vorhergesehene Dramaturgie.

Ich selbst und meine Beziehung zur Gruppe wurden Teil des Bühnengeschehens.

Der Gesang wurde nicht nur um eine visuelle Ebene bereichert, sondern auch das Klangbild selbst wandelte sich: Raum und Aufführende befanden sich in ständigem Fluss, und es eröffnete sich ein neues Erleben, eine neue Qualität der Musik und ihrer Erzeugung durch den menschlichen Körper. Eine tief berührende Erfahrung für Publikum wie Beteiligte gleichermaßen. Und unsere ungewöhnliche Koalition hat darüber hinaus einen Beitrag zur Öffnung tradierter Konzertformate geleistet, die mittlerweile in großer Breite viele spannende musikalische Projekte hervorbringt.

3 – Omnia tempus habent

Ensemblegesang, Erzählung, Smartphone, App und Kopfhörer waren die zentralen Gestaltungselemente eines meiner jüngsten Konzert-

konzepte mit einem Teil des via-nova-chors München. Eine ungewöhnliche Verbindung nicht auf zwischenmenschlicher, sondern auf konzeptioneller Ebene. Was prägt ein Leben zwischen Geburt und Sterbestunde? Grundlage des Konzertkonzeptes waren die berühmten Verse des alttestamentlichen Predigers Salomo. Sie beschreiben das Leben in einer Sammlung von abstrakten Gegensatzpaaren: pflanzen und ausreißen – tanzen und weinen – umarmen und fernhalten. Die Konkretisierung dieser Gegensatzpaare erfolgte in dem Konzert einerseits über die vertonten Texte, andererseits über Biografieminiaturen. Jedes Ensemblemitglied hat in der Vorbereitung des Konzertes eine eigene Lebenslinie in fünf Episoden geschrieben und eingesprochen; zum Teil autobiografisch, zum Teil fiktiv, zum Teil angelehnt an Romanfiguren oder reale Personen. Diese Aufnahmen wurden über eine Handy-App, die gleichzeitig Programmheft war, zur Verfügung gestellt. In den Pausen zwischen der live vorgetragenen Musik hörte das Publikum die Episoden einer ausgewählten Lebenslinie. Ausgerechnet das sonst im Konzert so verpönte Handy wurde zum integrativen Bestandteil des Konzertes.

Die im privaten Kopfhörer erklingende Lebenserzählung einer Sängerin, eines Sängers oder der Dirigentin schuf eine Intimität, die die Distanz zwischen Bühne und Zuschauerraum schwinden ließ.

So gehen in meiner künstlerischen Arbeit auf den ersten Blick entlegene Dinge die innigsten Bindungen ein und ermöglichen erfüllende und beglückende, überraschende und unerwartete Erfahrungen. Der Weg ist immer ein Abenteuer, das ich nicht müde werde, zu suchen, und von denen ich keines missen möchte.

sen auf Zeit, undenkbar oder gar unnötig ohne eine dazugehörige, widerstreitende Opposition. Mitten in diesem Spannungsfeld aus Koalitionen und Oppositionen habe ich mich im April 2020 plötzlich wiedergefunden, herausgerissen aus meinem stillen Kämmerlein auf dem Göttinger Fassberg. Meine Coronaforschung warf mich in die öffentliche Debatte. Und diese Debatte am Übergang zwischen Wissenschaft und Politik ist meilenweit entfernt von der wissenschaftlichen Debatte, mit der ich aufgewachsen bin.

Debatten sind essenziell, in der Politik genauso wie in der Wissenschaft. Aber die öffentliche Debatte bleibt mir fremd. Nehmen wir zum Beispiel den Sommer 2021: Mit dem Impffortschritt kam

die Frage auf, ob eine geimpfte Person das Virus noch übertrage – oder nicht. Diese Frage wurde heiß diskutiert. »Nein«, war das klare Statement der einen Koalition; ihr gemeinsames Ziel war, die Beschränkungen für Geimpfte aufzuheben. »Ja«, war die Antwort der Opposition. Die öffentliche Debatte polarisierte und erhitzte die Gemüter. Eine starke Debatte, könnte man meinen. Eine Debatte, wie sie in der Wissenschaft, aber nun im öffentlichen Raum geführt wird? Auf stabilen Füßen der Empirie, von breitem Interesse getragen?

Die relevante Frage in der Wissenschaft war indes ganz anderer Natur: »Wie stark« schützt die Impfung gegen eine Übertragung? Um der Antwort auf die Spur zu kommen, brauchte es keine Koalitionen, sondern ein »coalescere«, ein Vereinigen all der einzelnen Datenpunkte, Beobachtungen und Erkenntnisse. Die Antwort ist entsprechend komplex, denn sie hängt von vielen Faktoren ab: Impfstoffsorte, Virustyp, Kontaktverhalten (das sich mit dem Risikoempfinden ändert), Alter, Zeit seit der Impfung etc. Statt Koalitionen für das Ja oder Nein zu schmieden, versuchen wir, gemeinsam das große Puzzle zusammenzusetzen, passende Teile zu behalten, andere beiseitezulegen und auch das Unwissen genau zu vermessen. Es ist also eine umfassende Koalition, in der wir alle dasselbe Ziel haben: Erkenntnisgewinn.

Wie spannen wir aber eine Brücke, wie diskutieren wir COVID-Fragen wissenschaftlich und bringen das Wissen dann in die öffentliche Debatte? Es ist Spätherbst 2020. Ich schließe die Tür meines nicht mehr ganz so stillen Kämmerleins und schreibe Mails: Dutzende Wissenschafter*innen aus fast allen europäischen Ländern und aus vielen verschiedenen Disziplinen will ich zusammenbringen, damit wir auf dieser breiten Wissensbasis die verschiedenen Optionen für den Winter quantitativ beleuchten. Welche Vorteile, welche Nachteile, welche Implikationen haben die alternativen Strategien für Gesundheit, Gesellschaft, Bildung und Wirtschaft?

Mein kleines Kämmerlein rückt in die Mitte Europas, als die Kolleg*innen virtuell zum Treffen kommen. Die meisten habe ich vorher noch nie gesehen. Ich habe sie allein wegen ihrer Expertise angeschrieben. Nun sind sie da, und es ist völlig unklar, ob es gelingt, das coalescere. Nacheinander trägt jede Person ihr Wissen und ihre Einschätzung vor. In kleinen, tastenden Schritten erst, dann mit immer mehr Sicherheit zeigt sich: Die Perspektiven der Fachrichtungen fügen sich fast von alleine zu einem großen, kohärenten Bild. Das gemeinsame Feilen an der Präzision der Worte braucht noch einige Iterationen [2]. Aber das ist Feinschliff. Der Kern steht. Und ich freue mich jedes Mal aufs Neue über diesen wundervollen Prozess: coalescere.

[0] Koalition – von lateinisch coalitio »Zusammenwachsen«, »Vereinigung«, »Zusammenschluss«, https://de.wikipedia.org/wiki/Koalition_(Politik)

[1] https://de.wiktionary.org/wiki/Koalition

[2] Viola Priesemann et al.: »Calling for pan-European commitment for rapid and sustained reduction in SARS-CoV-2 infections«, in: *The Lancet* vom 09.01.2021, unterzeichnet von über tausend Wissenschaftler*innen, https://www.thelancet.com/journals/lancet/article/PIIS0140-6736(20)32625-8/fulltext

Mathias Grote

»Wir sind Virus«

Zur Aktualität biologischer Symbioseverhandlungen

Fermentieren und Pilze suchen

Dass die Lebewesen unseres Planeten nicht etwa in einer Konkurrenz um Ressourcen oder einem bitteren Kampf ums Dasein stehen, sondern ein Geflecht sich wechselseitig erhaltender Organismen bilden und somit gewissermaßen koalieren, scheint heute in manchen Kreisen ausgemacht. So traf sich im Rahmen des »Climate Care 2021«-Festivals unter spätsommerlichem Berliner Himmel ein Lesekreis, um gemäß dem Motto: »Between us and Nature« aus dem Buch *The Symbiotic Planet* zu lesen. Dieser Text der 2011 verstorbenen US-amerikanischen Zell- und Mikrobiologin Lynn Margulis zeichnet ein Panorama der Entwicklung des Lebens auf der Erde von der Ursuppe über die Kolonisierung des Landes bis hin zu komplexen Ökosystemen. Symbiosen, hier verstanden als Zusammenleben verschiedener Organismen zum gegenseitigen Nutzen, erscheinen bei Margulis als zentrales Prinzip der Evolution und lassen den bärtigen Großvater der Biologie alt aussehen.

Der urbane Berliner Stuhlkreis, von dessen Diskutanten wohl die wenigsten einen naturwissenschaftlichen Hintergrund besessen haben dürften, las sich aus diesem irgendwo zwischen Populärwissenschaft und *Nature Writing* angesiedelten Bestseller vor, sie befragten einander und betrieben damit Sachbuchexegese in einer Offenheit und Intensität, von der viele Seminardozent*innen nur träumen dürften. Dazu mag auch der Ort beigetragen haben: Die Floating »University«, kürzlich von der Architekturbiennale prämiert, ist eine Ansammlung offener,

durch Holzstege verbundener Pavillons auf einem Wasteland am ehemaligen Flughafen Tempelhof, welches periodisch vom Regenwasser der Gebäude und Landebahnen überflutet wird. Mit anderen Worten: Im urbanen Schlamm des beschädigten Planeten sitzend bastelte hier eine junge Generation von Aktivist*innen, Künstler*innen und Interessierten an einem neuen Bild vom Leben, in dem Koalitionen verschiedenster biologischer Akteure, von Mikroben über Pilze und Pflanzen bis zu Menschen, als Motor der Evolution wie als »natürlicher« Modus Vivendi erscheinen.

Nun ist der Schlüsselbegriff zu Margulis' wissenschaftlicher Arbeit zweifellos die »Symbiose«, während die »Koalition« bei ihr wie in der Biologie insgesamt keine große Rolle spielt. Tatsächlich kennt die Ökologie aber Begriffe wie jenen der »Lebensgemeinde« oder moderner »Lebensgemeinschaft«, welche sowohl menschliche als auch nicht menschliche Bündnisse bezeichnen. Derartigen Übertragungen zwischen der biologischen und gesellschaftlichen-politischen Sphäre und die ihnen eigene Spannung lassen es als angezeigt erscheinen, über die derzeitige Konjunktur der Untersuchung und Rezeption des förderlichen Zusammenlebens verschiedener Lebewesen nachzudenken.

Aktuell erleben Symbiosen jedweder Couleur eine inflationäre Aufmerksamkeit in Kunst, Naturwissenschaftspopularisierung, aber auch in den Geisteswissenschaften: Während Olafur Eliasson dem »symbiotischen Sehen« eine Ausstellung im Kunsthaus Zürich widmete, feiert der britische Biologe Merlin Sheldrake in seinem Bestseller *Verwobenes Leben* die Koexistenz von Pilzen und Pflanzen als Paradigma des Lebens.[1] Damit liegt er ganz auf der Linie der Anthropologin Anna Lowenhaupt Tsing, deren »Pilz am Ende der Welt« den unterirdischen »Pakt« von Pflanzenwurzel und dem Myzel der Pilze zu einem Sinnbild natürlicher und sozialer Beziehungen macht und im Sprießen der Pilze in den postkapitalistischen Landschaften der USA die Resilienz und Spontanität des Lebens erkennt: »Fehler wurden gemacht ... und Pilze sind aus dem Boden geschossen.«[2] Oder Donna Haraway, welche die Entstehung neuer Arten durch Koexistenz, der von Margulis artikulierten

»Symbiogenese«, oder gleich »sympoietisches Denken und Handeln« als dringlich für das Leben in der Gegenwart erkennen möchte.[3]

Wenn man diese luftigen Theoriegebilde mit der im Förderungssprech wie auch in der *Apothekenumschau* grassierenden Faszination für biologische Technologien, das Mikrobiom unseres Verdauungstraktes, für Probiotik und blubbernde Kefir- oder Kombuchakulturen komplettiert (Letztere sind tatsächlich Symbiosen von Bakterien und Hefepilzen), dann wird klar: Nicht nur in progressiven urbanen Kreisen ist das scheinbar harmonische Zusammenleben von Organismen zum beiderseitigen Nutzen ein großes Thema. Im Lichte von Daten der Genom- und Stoffwechselforschung, vor dem Hintergrund der sich zuspitzenden ökologischen Krise und damit vielfach auch in bewusster Absetzung vom vorherrschenden ökonomischen Modell avancieren förderliche Bündnisse verschiedener Organismengruppen zusehends auch zu einer Blaupause dafür, wie eine bessere Zukunft für Natur und Mensch aussehen sollte – und damit erscheinen Neoliberalismus wie auch der Neodarwinismus der Biologie des späten 20. Jahrhunderts oft als Prügelknaben einer abzuschüttelnden Vergangenheit.

Daran anschließend stellt sich die Frage, ob die derart ins Rampenlicht gerückten Symbiosen gerade kleiner, unscheinbarer Lebensformen neuartige biologistische Übertragungen aus der Natur in die Gesellschaft bilden, die nicht aus der Ecke der üblichen Verdächtigen aus Evolution und Ökonomie und vielleicht nicht einmal aus den Naturwissenschaften heraus formuliert werden. Taugen die Symbiosen von Pilzen und Pflanzen, von Mikroben und Wirt deshalb, so ließe sich fragen, mehr zur Beschreibung des Mensch-Natur-Verhältnisses und sogar jenes der Menschen untereinander als jene mit den Namen Darwin und Mendel verknüpften, leidlich hinterfragten Biologismen des 19. und 20. Jahrhunderts? Donna Haraway würde es vermutlich begrüßen, wenn die Abendnachrichten in einigen Legislaturperioden von »Symbioseverhandlungen« oder einem »Symbiosevertrag« berichteten, und in der Tat führte der französische Philosoph Michel Serres den letzteren Begriff bereits vor 20 Jahren ein. Es ist also höchste Zeit, die Konjunktur

einer neuen, vom freundlichen Gesicht der Symbiose gekennzeichneten Biologie, ihre Grundprämissen und nicht zuletzt ihre politische Geschichte und Rezeption unter die Lupe zu nehmen.

»Wir sind alle Flechten« – ein anderer Blick auf Leben und Natur

Es dürfte unmittelbar einleuchten, dass die hier umrissene, neue Biologie des Zusammenlebens weder ein logisch kohärentes Gedankengebäude bildet, noch im Sinne des polnischen Bakteriologen und Wissensforschers Ludwik Fleck als ein sozial abgrenzbarer »Denkstil« beschrieben werden kann, dessen Vertreter durch Ausbildung oder Fachliteratur eine gewisse Art, die Welt zu sehen, erlernt hätten. Vielmehr steckt dahinter ein eklektischer Mix aus hoch technisierter und spezialisierter Naturwissenschaft, etwa der auf DNA-Sequenzierung basierenden Erforschung der Mikrobiome von Organen oder Ökosystemen, mit Panoramaentwürfen zur Geschichte des Lebens wie Margulis' *Symbiotic Planet*, einem Gegenstück zu Darwins *Origin of Species* (oder genauer zu dem Reim, den sich das späte 20. Jahrhundert darauf machte). Hinzu kommen die Texte Tsings oder Haraways, welche Konzepte der rezenten Evolutionsbiologie und Ökologie nutzen, um im Niemandsland zwischen Natur- und Geisteswissenschaften eine »Theorie« für ein um Planet und Überleben besorgtes Publikum zu schmieden.

Dennoch lassen sich Grundprämissen dieses neuen Verständnisses des Lebens benennen, und dieses lässt sich in der Geschichte der Wissenschaften und des Mensch-Natur-Verhältnisses situieren.

Die vermutlich wichtigste Prämisse, jene einer durch Zusammenleben statt durch Kampf und Konkurrenz getriebenen Evolution, findet sich in zahlreichen Texten der späten Margulis, gewissermaßen der Hausheiligen progressiver Pop-Biologie. Die selbst ernannte Anwältin der Bakterien und Einzeller entwarf sich zeitlebens als Renegatin der Wissenschaften, und tatsächlich war ihr epochaler Forschungsbeitrag

zunächst auf Ablehnung der zumeist männlichen Zell- und Evolutionsbiologie gestoßen.

Bereits um 1970 hatte Margulis postuliert, dass ein arbeitsteiliges Bündnis von Zellen mit verschiedenen Stoffwechselleistungen einen der wohl folgenreichsten Schritte der Evolution des Lebens auf der Erde eingeleitet hatte: die Bildung jener »eukaryotisch« genannten Zellen, aus denen unter anderem alle heute existierenden Pflanzen, Tiere und Pilze aufgebaut sind und die sich fundamental von den einfacheren, »prokaryotischen« Bakterien unterscheiden. Die Implikationen dieser später durch vergleichende DNA-Analysen verschiedener Organismen bestätigten »Endosymbionten-Theorie« waren weitreichend: So ähnelte ein Diagramm der Evolution des Lebens nun nicht mehr den knorrigen Stammbäumen des 19. Jahrhunderts, sondern näherte sich mit seinen verwachsenen Ästen eher einem netzwerkartigen Dickicht an – auch an die Rhizome der Postmoderne darf man dabei denken. »Wir«, die scheinbar so klar begrenzten Körper und Zellen höherer Organismen, erscheinen im Lichte dieser neuen Geschichte des Lebens als aus verschiedenen Bestandteilen zusammengestückelte Chimären, als molekularbiologisches *Patchwork.*

Kurzum: Margulis, gemeinsam mit ihrem Sohn seit den 1980er-Jahren auch eine Bestsellerautorin, wollte Evolution als durch Kooperation statt durch Konkurrenz getrieben verstehen. Sie begriff Organismen als symbiotische Mosaike, als Bündnisse verschiedener zellulärer Partner, die gemeinsam besser durchs Leben kamen als allein und die erst im Verbund so komplexe Aufgaben wie die Besiedelung des Landes oder die pflanzliche Fotosynthese unternehmen konnten. Im neuen Millennium führte die massenhafte Sequenzierung der Genome verschiedenster Organismen etwa aus einer Wasserprobe, dem Verdauungstrakt oder der Haut dazu, dass das Thema Symbiose in Mikrobiologie und Medizin, aber auch in Zoologie, Botanik oder angewandten Feldern wie der Landwirtschaft einen Bedeutungszuwachs erfuhr.

In der Philosophie der Biologie befand man mit einem Seitenblick auf den postmodernen Wissenschaftssoziologen Bruno Latour: »We

have never been individuals«, und griff den »Holobionten« als Begriff dafür auf, dass eine Eiche oder ein Elefant als symbiotische Konsortien kooperierender, gemeinsam sich entwickelnder Zellen verschiedener Spezies zu denken seien. Dabei schlich sich auch eine im Vergleich mit dem 20. Jahrhundert veränderte politische Metaphorik zusehends in die Biologie ein: Das Immunsystem etwa zerstörte nicht mehr einfach alles »Fremde«, sondern führt im 21. Jahrhundert eine Form von »surveillance« durch, das erwünschte Symbionten gewährten lässt: »[T]o obey the immune system is to become a citizen of the holobiont.«[4] Dass man unter dem Motto »E pluribus unum« dann auch gleich das Selbst samt freiem Willen, Autonomie und Geschäftsfähigkeit zu Grabe tragen wollte, entbehrt allerdings nicht einer gewissen Ironie.[5] »Wir«, echote Donna Haraway, unsere ehedem so geschlossen und einheitlich erscheinenden Körper, seien alle Flechten, jene aus einem Zusammenschluss von Pilz und Alge aufgebauten »Kritter«, die den Biolog*innen erst beigebracht hätten, wie starr und kurzsichtig ihr Verständnis von Individuen und Kollektiven ist.[6]

Dass die symbiotische Perspektive auch einen stärkeren Umweltbezug dieser dezentrierten Organismen impliziert, braucht nicht extra betont zu werden, denn schließlich bilden beispielsweise unsere Mikrobiota (so die ökologisch korrekte Bezeichnung der hinter dem Mikrobiom steckenden Mikroorganismengemeinschaften) einen Teil jener belebten Umwelten, die bis in unser Innerstes hineinreichen und dort auch kausal wirksam werden.

Letzteres verdeutlicht etwa die gegenwärtige Forschung zur Wechselwirkung von Mikrobiota und Nervensystem, die sogenannte »microbiota-gut-brain axis«. Dahinter verbirgt sich eine Debatte, in der begrenzte Daten aus der Laborforschung etwa an keimfreien Mäusen auf enorme Resonanz in Presse und Wissenschaftsvermittlung gestoßen sind: Milliarden unsichtbarer Mitbewohner unseres Verdauungstraktes scheinen unser Denken und Fühlen mitzubestimmen!

Ein letztes Merkmal dieser neuen Biologie sei kurz angerissen. Margulis wurde seit den 1980er-Jahren nicht müde, ihr Publikum auf die

Diversität des Mikrokosmos zu unseren Füßen aufmerksam zu machen. Würde man nur einmal genau in Pfützen schauen, den Waldboden oder das Meeresufer untersuchen, dann würde rasch klar, dass die uns bekannten Tiere und höheren Pflanzen nur einen Bruchteil jener vielfältigen Arten und Weisen ausmachen, wie sich Lebewesen ernähren und vermehren. Unscheinbare Kreaturen führten beispielsweise wechselnde oder multiple Geschlechter vor, zeigten eine Entkopplung von Sexualität und vegetativer Vermehrung und derlei mehr an Phänomenen, welche einer Kritik an gesellschaftlichen Normen durchaus zupasskam. Das von Biene und Blume denkbar weit entfernte Sexualleben der Einzeller und Pilze scheint argumentative Schützenhilfe bei der Anerkennung sexueller Diversität zu bieten. Eine solche Berufung auf die Fakten einer anderen Biologie zur Legitimierung des politisch Anzustrebenden scheinen weder Haraway noch den Pilzforscher Sheldrake zu bekümmern, der etwa davon berichtet, wie Flechten dabei helfen können, binär geprägte Sichtweisen zu hinterfragen.

Historisch betrachtet sind die symbiotische Perspektive der Biologie und ihre Vorstellung von Organismus, Ökologie und Entwicklung Teil einer kultur- und wissensgeschichtlichen Wende in den Naturwissenschaften. Im Gefolge von Umweltdiskussionen und Wissenschaftskritik der 1970er- und 1980er-Jahre beschränkte sich dieser Umschwung allerdings nicht auf die Biologie, auch in Physikerkreisen war man bemüht, ein partnerschaftliches Verhältnis von Mensch und Natur zu ersinnen. So lautete der Originaltitel eines popularisierenden Klassikers dieser Zeit *La Nouvelle Alliance* (1978), verfasst vom russisch-belgischen Thermodynamiker Ilya Prigogine und der Wissenschaftsphilosophin Isabelle Stengers.[7] Im Deutschen zu einem *Dialog mit der Natur* entschärft, schlug das Buch in der Tat einen neuen Bund zwischen Mensch und Natur vor, der auch auf Einsichten in die Komplexität und Irreversibilität physikalisch-chemischer Prozesse beruhte, für deren Untersuchung Prigogine 1977 einen Nobelpreis erhalten hatte.

»Dissipative Strukturen« genannte Sets verzweigter chemischer Reaktionen schienen eine Zeitlichkeit nahezulegen, die nicht umkehrbar

war wie jene der Physik Newtons oder Einsteins, und konnten so Phänomene der Selbstorganisation erklären, die etwa am Ursprung des Lebens standen. Auch wenn die von der *Nouvelle Alliance* unters Publikum gebrachte Thermodynamik die Köpfe zum Rauchen gebracht haben dürfte, ist die philosophische und historische Botschaft Prigogines und Stengers' mit Händen greifbar: Die alte, reduktionistische und mechanistische Naturwissenschaft von Bacon, Descartes und Newton ist tot. Komplexität und Selbstorganisation fordern eine neue Wissenschaft und ein Naturverständnis, in dem der Mensch nicht mehr nur Beobachter oder Herrscher über die Natur ist, sondern Teilnehmender eines irreversiblen Prozesses, der auch die geschichtliche Veränderung des Planeten mit einbezieht. Die geforderte neue, pluralistische Wissenschaft würde somit die Biologie nicht mehr der Physik unterordnen. Prigogines und Stengers' ikonoklastischer Gestus und ihre Kritik einer als simplifizierend gescholtenen Methode und Theorie galt nicht nur den Säulenheiligen der wissenschaftlichen Revolution, sondern war selbstredend – und hier zeigt sich ihre Wesensverwandtschaft zur Symbioseforschung überdeutlich – auch eine Abrechnung mit den Nachkriegsdekaden.

Während der Molekularbiologe der ersten Stunde, Jacques Monod, in seinem Klassiker *Zufall und Notwendigkeit* (*L'Hasard et la nécessité*, 1971) aus den Gesetzmäßigkeiten der biologischen Moleküle ein existenzialistisches und in manchem fatalistisches Bild des Menschen als eines Heimatlosen in einem kontingenten, entzauberten Universum zeichnete, welches kirchliche Kreise genauso verstörte wie die Linke, machten sich Prigogine und Stengers, Margulis und viele andere in der Tat daran, einen neuen Bund von Mensch und Natur zu schmieden, der die Komplexität und die Interaktionen der Lebewesen und des Universums feierte, statt sie wegerklären zu wollen, der die Sterilität des Labors oder die Beschränkung der Biologie auf einige wenige Modellorganismen kritisierte und sich der in Wasser, Boden und Luft angetroffenen Fülle und Variabilität von Organismen zuwandte, mehr noch, einen Bund, der die Wissenschaftler*innen sowie die Umwelt mit-

dachte und simple Dichotomien wie Selbst und Nicht-Selbst oder Freund und Feind unterminierte.

In der Tat, dies sei hier nur am Rande angemerkt, waren die 1970er- und 1980er-Jahre auch in den molekularen Lebenswissenschaften von einem Anwachsen der Komplexität und konzeptueller Neuordnung gekennzeichnet – einige Stichworte lauten: Archaebakterien, genetisches Spleißen oder Retroviren. Welche starke Resonanzen diese »neue molekularbiologische Unübersichtlichkeit« von Beginn an mit den Geisteswissenschaften bildete, illustriert eine Passage aus Gilles Deleuzes und Félix Guattaris *Rhizom*, in dem die beiden französischen (Anti-)Philosophen den quer zu den Stammbäumen der Lebewesen liegenden Prozess einer viralen Infektion epistemologisch ausschlachteten: »Wir entwickeln uns eher durch polymorphe und rhizomatische Grippen und sterben an ihnen als an Erbkrankheiten oder solchen, die ihre eigene Genealogie haben. Das Rhizom dagegen ist eine Anti-Genealogie.« Noch plakativer fasste die horizontale Verknüpfung von allem mit jedem wiederum Lynn Margulis: »*We are our viruses.*«[8]

Nach mehr als vier postrhizomatischen Dekaden leben wir zwar immer noch oder wieder mehr in einer Welt, die Viren als etwas Fremdes, unbedingt Abzuwehrendes ansieht, in der aber gleichzeitig die ehemals randständigen Positionen von Margulis *et al.* zumindest in bestimmten Kreisen konsensfähig geworden zu sein scheinen, und das, obwohl – auch das gehört zu einem vollständigen und vielleicht interessanteren Bild der ewigen Renegatin – einige der von ihr verfochtenen Theorien immer Einzelmeinungen blieben und sie in späteren Jahren Verschwörungserzählungen anhing.

Das Thema Symbiose, die »natürlichen« Allianzen verschiedener Lebewesen und vor allem jene des Menschen mit der übrigen Natur sind von einer Alternativposition zum Kernbestand wohlwollender Naturwissenschaftsdeutung, Folklore und Vermarktung avanciert, die so heterogene Akteuren wie das *Futurium*, eine von Bundesministerium für Bildung und Forschung und Industrie etablierte Zukunftsschau, die Popstars der kritischen Geisteswissenschaften, Pilzforscher*innen,

Fermentations-Gurus oder die Suchenden und Schaffenden eines Anthropozän-Festivals miteinander verbindet. Was auf breiter Front wissenschaftlich evident und dem Zeitgeist opportun erscheint, soll noch auf das dahinterliegende Wissenschaftsverständnis abgeklopft werden.

Lebensphilosophie fürs Anthropozän?

Offensichtlich ist, dass praktische Koalitionen zwischen Menschen und Mikroben etwa in der Fermentation, ob nun daheim im Glase oder in den Dimensionen industrieller Biotechnologie, Lösungen für eine planetare ökologische Krise bieten – genauso wenig wie einen *technological fix* dürfte es einen *green fix* geben, der Ökonomie und Ökologie auf breiter Front versöhnt, ganze Bevölkerungen versorgt und dabei nicht an anderer Stelle neue Probleme kreiert.

Blendet man auf die historische Frage danach über, was sich aus der freundlichen Biologie der Symbiosen und der Bündnisse zwischen Nichtmenschen und Menschen lernen lässt und was sie uns über den Zeitgeist verraten, dann sieht die Sache komplizierter aus. Einen Ansatzpunkt kritischer Reflexion bietet eine Diskussion von Margulis mit Richard Dawkins, dem Schöpfer des egoistischen Gens und neodarwinistischer *bête noire* der Symbioseforschung. Auf Dawkins' Frage, warum es der Symbiogenese zum Verständnis der Evolution überhaupt bedürfe, insistierte Margulis schlicht: »*Because it's there.*«[9] Die bekennende Leserin von Ludwik Fleck und seiner Lehre vom Denkstil unterstellte hier genau jene nackten Tatsachen, die sie bei ihren Gegnern hinterfragte. In der Historiografie der Symbioseforschung treten zu derlei »Fakten« oft unterdrückte Wahrheiten, neue Paradigmata und die sie vertretenden Einzelkämpfer, die ihre Theorien gegen alle Welt ausfechten. Derartige Deutungsmuster und Narrative weisen darauf hin, dass die symbiotische Perspektive auf das Leben weit mehr war und ist als irgendeine mittelgroße, empirisch belegte Theorie der Lebenswissenschaften.

Um ein besseres Verständnis ihrer hinter der enthusiastischen Rezeption liegenden, tatsächlichen Reichweite zu erlangen, wäre neben kritischen Metaanalysen, beispielsweise der Mikrobiomforschung, ein differenzierterer Blick in die Historiografie der Wissenschaften vor allem der ersten Jahrhunderthälfte hilfreich, der leicht ausweist, welche Akteure eine solche Sichtweise wo und wann in Stellung gebracht haben.[10]

Schaltzentrale: Mikroben, Pilze und Algen

Kommen wir damit abschließend zu einer politischen Epistemologie des neuen Blicks auf die Natur. Zunächst einmal ist vielen der hier diskutierten Texte und Autor*innen eine deutlich vernehmbare Kritik menschlicher Handlungsfähigkeit und Rationalität abzulesen: Bei genauerem Hinsehen und *à la longue*, so ließen sich Margulis wie Haraway paraphrasieren, stellen Mikroben, Pilze und Algen die wesentlichen Akteure dieses Planeten dar, den sie durch ihre massenhaften und vernetzten physiologischen Prozesse gestalten und den sie bis in die Mitte unserer Zellen hinein mitbestimmen. Sheldrake argumentiert weiterhin, dass bereits diese »niederen« Lebensformen erstaunliche gestalterische und kognitive Fähigkeiten aufweisen, etwa wenn Pilze ganze Landschaften mit ihren Myzel-Netzwerken durchzögen und darüber sogar verschiedene Spezies miteinander kommunizierten. Hinter diesem Wechsel der Blickrichtung steckt eine Dezentrierung des Menschen und damit veränderte Beantwortung der Frage nach *agency*, die sich zugestanden ahistorisch mit Michel de Montaigne ungefähr so paraphrasieren lässt: »Wenn ich mit meiner Katze spiele, wer weiß, ob ich nicht mehr ihr zum Zeitvertreib diene als sie mir?«[11]

Diese Denkfigur, in der die Koalitionspartner des irdischen Geschehens die Machtpositionen gewechselt haben, macht die Advokaten des Kleinen für ein planetarisches Denken der Gegenwart attraktiv, dem der Mensch auf paradoxe Weise peripher geworden ist und welches oft

mit einer aus der Erfahrung von Technokratie und ökologischer Krise motivierten Rationalitätskritik einhergeht. Radikaler könnte man dieses Denken auch als einen post- oder vielleicht besser prähumanen, antizerebralen Affekt lesen, etwa wenn Margulis bereits in den 1980er-Jahren mit der Aussage provozierte, Mikroben und damit der größte Teil des Lebens würden einen nuklearen Schlagabtausch sicher überleben. Wem, so wurde damals und so muss heute wieder gefragt werden, ist mit einem derart fatalistischen Blick auf den Menschen geholfen? Was kann das symbiotische Treiben der Mikroben wirklich über drängende Probleme der Gegenwart erzählen?

Als Sheldrake seine Erfahrungen mit rauscherzeugenden Pilzen als ein Verstehen der Wechselbeziehungen zwischen Organismen beschrieb, das diese nicht zu »tickenden, rotierenden, piepsenden Mechanismen herabwürdigte« und dabei auf eine »blaue Blume« zu sprechen kam, legte er möglicherweise unabsichtlich eine ideengeschichtliche Fährte: Steckt hinter der Faszination für Symbiosen und ihrer Konjunktur in *Nature Writing* und Wissenschaft auch eine romantische Sehnsucht nach Harmonie mit der Natur in einem Zeitalter, dem diese gänzlich und für immer abhandengekommen zu sein scheint?[12] Bedienen die Protagonisten des neuen Bundes mit ihrer Verachtung und Abgrenzung von einer als mechanistisch und reduktionistisch geziehenen Wissenschaft möglicherweise ebenso ungewollt Stereotype einer »Suche nach Ganzheit« zwischen Philosophie, Biologie und Medizin der ersten Hälfte des 20. Jahrhunderts, deren philosophischer wie politischer Chauvinismus zu höchster Vorsicht mahnen sollte?[13] Handeln sich gegenwärtige Bio-Adepten grundsätzliche Probleme biologistischen Erklärens ein, wenn Symbiosen als Blaupausen menschlicher Koexistenz gedacht werden oder wenn beispielsweise sexuelle Diversität und Intelligenz des Mikrokosmos als Inspirationsquelle für menschliche Lebensformen und Gesellschaften herhalten müssen, auch wenn die Biologie nun freundlicher dreinblickt als einstmals?

Auf begrifflicher Ebene schlug Michel Serres in seinem *Naturvertrag* (frz. Original 1990) einen Ausweg aus dem Dilemma des Biologismus

vor. Denn der von ihm diskutierte »Übergang vom Lokalen zum Globalen« angesichts der bereits damals bekannten ökologischen Probleme habe das Verhältnis des Menschen zur Welt radikal verändert: »War sie früher unser Herr, später dann unser Sklave, jedenfalls immer unser Wirt, ist sie heute unser Symbiont.« In Anlehnung an den *Contrat social* forderte Serres einen »Naturvertrag der Symbiose« zwischen Mensch und Welt: »Jeder der beiden symbiotisch zusammenlebenden Partner schuldet dem anderen also rechtens das Lebens, bei Strafe des Todes.«[14] Statt simpler Anlehnung an biologische Verhältnisse schlug Serres also einen hybriden Begriff vor, der das neue Bündnis zwischen Mensch und belebter wie unbelebter Natur mittels eines Rückgriffs auf die Sphäre des Rechts charakterisiert. Der damit einhergehenden Unterminierung der Distinktion von Natur und Kultur dürften viele der hier genannten Protagonisten der neuen Biologie und Naturwissenschaften von Prigogine und Stengers bis zu Haraway und Latour durchaus zugestimmt haben oder taten das in ihren Begriffen.

Insofern wäre zu prüfen, ob Serres wirklich eine Alternative zum Biologischen anbieten kann oder als Teil der hier geschilderten Symbiosebegeisterung gelesen werden muss. So viel jedenfalls scheint sicher: Weder das Pariser Klimaabkommen noch die Regelungen des Umwelt- oder Artenschutzes kommen einem Symbiosevertrag auch nur nahe. Auch die Frage, ob beim Margulis-Lesekreis im urbanen Schlamm oder auch in den Foren der Fermentations-Gurus tatsächlich ein neuer Bund zwischen Menschen und anderen Spezies oder gleich mit dem ganzen Planeten gesucht wird, und damit auch jene nach dem breiten gesellschaftlichen Interesse an der neuen Biologie, muss offenbleiben. Vorläufig lässt sich aber festhalten, dass die kollektive Margulis-Exegese, das Werkeln mit nützlichen Kombucha- oder Kefirkulturen oder das verstärkte Interesse am Dasein der Pilze und Mikroben die Naturwissenschaften aus der Isolation des akademischen Labors und der Ökonomisierung ihrer Forschung herausgebracht haben. Jenseits einer vielfach wahrgenommenen Entfremdung von weißem Kittel, Elfenbeinturm und Investoren-Biotech wandern Mikro- und Molekularbiologie im Verbund

mit Pflanzen- oder Pilzkunde so in die Hände und Köpfe von Aktivisten, Künstlern oder Bastlern. Auch wenn die pandemische Gegenwart gezeigt hat, dass eine Aneignung von Wissenschaft durch breite Kreise durchaus auch Mesalliancen hervorbringen kann, bleibt zu hoffen, dass sich in diesem Fall eine neue, produktive und aufrichtige Koalition von Naturwissenschaften und Gesellschaft ergeben wird. Dann hätte der Mikrokosmos doch einiges für die Menschheit erreicht.

Anmerkungen

1 Olafur Eliasson: *Symbiotic Seeing*. Köln 2019; Merlin Sheldrake: *Verwobenes Leben. Wie Pilze unsere Welt formen und unsere Zukunft beeinflussen*. Berlin 2020.

2 Anna Lowenhaupt Tsing: *Der Pilz am Ende der Welt. Über das Leben in den Ruinen des Kapitalismus*. Berlin 2018, S. 273.

3 Donna Jeanne Haraway: *Unruhig bleiben. Die Verwandtschaft der Arten im Chthuluzän*. Frankfurt am Main 2018, S. 96.

4 Scott F. Gilbert et al.: »A Symbiotic View of Life: We Have Never Been Individuals«, in: *The Quarterly Review of Biology* vol. 87, no. 4 (2012), S. 325–341, hier S. 332 f.

5 »*The whole dear notion of one's own Self – marvelous, old free-willed, free-enterprising, autonomous, independent, isolated island of a self – is a myth*«; Gilbert et al., a. a .O., S. 334; zitiert ist ein Text des US-amerikanischen Mediziners Lewis Thomas aus den 1970er-Jahren.

6 Haraway a. a. O., S. 103.

7 Ilya Prigogine, Isabelle Stengers: *Dialog mit der Natur*. München 1981; siehe auch Hendrik Adorf: »›La Nouvelle Alliance‹. Chaos-Theorie und die Wiederverzauberung der Natur in den achtziger Jahren«, in: Nils Güttler, Margarete Pratschke, Max Stadler (Hrsg.): *Wissen*, ca. 1980, *Nach Feierabend. Zürcher Jahrbuch für Wissensgeschichte* Vol. 12 (2016), S. 117–131.

8 Gilles Deleuze, Félix Guattari: *Rhizom*. Berlin 1977, S. 18; Lynn Margulis: *The Symbiotic Planet. A New Look at Evolution*. London 1999, S. 82.

9 Gilbert et al., a. a. O., S. 336.

10 Armin Geus, Ekkehard Höxtermann (Hrsg.): *Evolution durch Kooperation und Integration. Zur Entstehung der Endosymbiosetheorie in der Zellbiologie. Faksimiles, Kommentare und Essays.* Marburg 2007.

11 Michel de Montaigne: *Essais.* Übersetzt von H. Stilett. Frankfurt am Main, S. 224.

12 Sheldrake a.a.O., 40 f.

13 Anne Harrington: *Die Suche nach Ganzheit. Die Geschichte biologisch-psychologischer Ganzheitslehren. Vom Kaiserreich bis zur New-Age-Bewegung.* Reinbek 2002.

14 Michel Serres: *Der Naturvertrag.* Frankfurt am Main 2015, S. 68 ff. Ich danke Hans-Jörg Rheinberger für den Hinweis aus Serres: https://cache.ch/blog/symbiose

WANN SIND SIE EINMAL EINE UNGEWÖHNLICHE KOALITION EINGEGANGEN?

JULIA REUSCHENBACH

Heute weiß ich, dass ich bei Beginn meines Studiums 2007 ein »Arbeiterkind« war. Ich komme also aus einer Familie ohne Hochschulerfahrung. Der Beginn des Studiums, das Dasein an der Bonner Universität, war daher aus vielen Gründen sehr spannend, aber auch herausfordernd für mich. Dies galt auch für die Wohnungssuche. Passend zu meinen akademischen Aktivitäten hatte Nordrhein-Westfalen die Studiengebühren eingeführt, sodass meine Eltern viel Geld aufwendeten, um mich zu unterstützen, und ich selbst gleich in der ersten Semesterwoche nicht nur auf der Suche nach einem Nebenjob, sondern auch auf der Suche nach einer günstigen Wohnung war. Eine Bekannte vermietete in Bonn eine schöne Altbauwohnung, von der zu dieser Zeit nur eines der beiden Zimmer an einen Wochenendpendler – nennen wir ihn Harald – vermietet war.

Harald und ich – eine ungewöhnliche Verbindung. Harald war mein geheimer Mitbewohner. Denn Harald, damals wohl so Mitte 40, arbeitete für einen deutschen Geheimdienst und, wie er sagte, »im Außendienst«, und war damit

so ziemlich der ungewöhnlichste Mitbewohner, den ich mir als 19-Jährige hatte vorstellen können. Ich war fasziniert von seiner Arbeit, davon, dass er kaum etwas über sie berichten durfte, und davon, dass ich dank seiner kuriosen Arbeitszeiten die Wohnung meist für mich alleine hatte. Gelegentlich bestellten wir Pizza zusammen, ich erfuhr von ihm, dass das Sonnenstudio in der Nähe Aushilfen suchte, und begann dort meinen – wenn auch nur ein Dreivierteljahr andauernden – ersten Nebenjob. Wenn Freunde zu Besuch kamen, war es oft seltsam. Den eigenen Mitbewohner kaum zu kennen und das wenige, was ich über ihn wusste, nicht sagen zu dürfen, befremdete Freunde und mich gleichermaßen. Nach einem knappen Jahr wurde unsere WG durch den Eigenbedarf der Vermieterin aufgelöst.

Erneut auf Wohnungssuche, wollte ich nun lieber alleine wohnen, was sich auf dem Bonner Wohnungsmarkt und mit kleinem Budget mehr als schwierig gestaltete. Fündig wurde ich mitten in der wunderbaren Bonner Südstadt. Der Vermieter bot ein Zimmer mit eigener Waschgelegenheit und Küche, lediglich Dusche und Toilette seien mit zwei anderen Mietern zu teilen. Das hübsche Zimmer gefiel mir, und so lernte ich Julia und, nennen wir ihn Günther, kennen. Julia war fast nie zu Hause, Günther hingegen schon. Er war Physiker, Mitte 50 und ewiger Junggeselle, trank jeden Abend in einer Kneipe in der Nähe viel Bier und schnarchte so laut, dass man ihn selbst draußen auf dem Flur unserer Wohnetage hören konnte.

Als einmal die Toilettenspülung defekt war, versuchte er sich begeistert und mit Verweis auf Faradaykäfige in der Erklärung, ausgerechnet mir gegenüber, ich, die in der Schule Physik so furchtbar fand. Als ich mit schweren Paketen die 84 Stufen in unser Dachgeschoss hinaufkeuchte, nahm er mir Pakete ab und erklärte mir auf dem Weg nach oben die Funktionsweise von Lastenzügen. Günther faszinierte und nervte mich gleichermaßen. Wollte uns jemand besuchen, klingelte man wahlweise einmal, zweimal oder dreimal. Zweimal – Günthers Klingel – klingelte es nie.

Als ich nach drei Jahren auszog – in eine WG mit einer engen Freundin –, war ich begeistert und vielleicht auch ein wenig erleichtert. Über Jahre habe ich nicht mehr an Harald und Günther gedacht. Aber in dem Moment, als Armin Nassehi mich vor Kurzem nach einem Intermezzo zu ungewöhnlichen Verbindungen und Koalitionen fragte, waren beide gleich wieder da. Ungewöhnliche Verbindungen oder gar Koalitionen sind, so denke ich, selten Überzeugungstaten oder gar Liebesheiraten. Aber sie bleiben im Gedächtnis, nachhaltig und oft länger als so viele andere Begegnungen im Leben. Und zumindest in meinem Fall spielten sie sich ein und hielten so länger als gedacht.

Heike Littger

Lagerfeuer

Mitten durch die Prärie

... in einer Koalition können die beteiligten Parteien notwendigerweise nicht ihre eigene Programmatik durchsetzen, sondern müssen Kompromisse eingehen ...[1]

Rot, grün, gelb. Thomas Vilgis muss nicht lange überlegen, zu welchen drei Nahrungsmitteln er greifen würde, um die Ampelkoalition auf den Teller zu bringen: Eier, Spinat, rote Beete. »Auf den ersten Blick eine klassische Kombination, die viele noch aus Kindertagen kennen – und in der Regel hassen.« Insbesondere die grünen Blätter und die roten Knollen. Vielleicht weil ihre Eltern sie ihnen als gesund verkauft haben, mit viel Eisen und Vitaminen. Vielleicht aber auch, weil es bis heute oft an der Zubereitung hakt.

Thomas Vilgis arbeitet am Mainzer Max-Planck-Institut für Polymerforschung. Er hat »harte Physik« betrieben, bis er vor 20 Jahren über Studien zur Saugfähigkeit von Babywindeln in die Welt der Kulinarik reingerutscht ist: »Ob Pampers oder Weingelee, die Physik, die eine Flüssigkeit in eine schön elastische Masse verwandelt, ist die gleiche.« Heute forscht Vilgis auf dem Gebiet der Molekulargastronomie. Beschäftigt sich auch privat mit den physikalischen und chemischen Prozessen beim Kochen. Er berät Spitzenköche und schreibt Bücher. Damit vielleicht auch der Laie versteht, was im Inneren eines Soufflés passiert. Und warum Bananen und Dill hervorragende Koalitionspartner sind. Genauso wie Blutwurst und Rosenwasser. »Es gibt nichts, was nicht miteinander zu kombinieren wäre«, so Vilgis. Das Geheimnis liegt in einem Wechselspiel aus Raum nehmen und Raum geben, Harmonie herstellen

und Spannung aufbauen, wie können wir uns mit unseren Stärken gegenseitig ausbalancieren und zugleich in ungeahnte Höhen schrauben – oder zumindest einen guten Kompromiss finden?

Kein triviales Unterfangen. Ein gutes Miteinander zwischen den fünf Geschmacksrichtungen (ob die menschliche Zunge neben süß, salzig, sauer, bitter und umami auch fettig und wässrig schmecken kann, ist wissenschaftlich noch nicht erwiesen) lässt sich noch einigermaßen einfach herstellen. Doch dann sind da noch unterschiedliche Texturen und Temperaturen zu beachten. (Schmerz-)Reize, die der Trigeminusnerv beispielsweise beim Kontakt mit Chili (scharf) oder Minze (kühl) übermittelt. Und an die 300 relevante Schlüsselaromen, die unsere Nase orthonasal wie retronasal bei Lebensmitteln riechen kann: blumig, kräuterig, würzig. Mal leicht nach Zitrone, mal intensiv nach Kiefernadeln, Orange, Meer, Kampfer, Harz.

Vier Jahre lang hat sich Vilgis durch die Aromen geschnüffelt und die verantwortlichen Duftmoleküle zu acht Gruppen zusammengefasst. Kombiniert. Probiert. Und dabei festgestellt: Selbst wenn eine Koalition auf den ersten Biss gar nicht geht, hilft eine Brücke, die Differenzen zu überwinden. Beispielsweise zwischen Gorgonzola und Zimt. »Verbunden durch Pflaumenkompott verstehen sich die beiden plötzlich ganz wunderbar.« Die Pflaume holt mit ihrem Nonanal (wachsig, fruchtig, zitrisch) nicht nur das Nonanol des Gorgonzolas (sahnig, zitrisch, grün) ab. Sie verbindet sich über das Ethylcinnamat (würzig, balsamisch, zimtig) – der Name sagt es schon – auch mit dem Zimt.

Vilgis kommt auf seine Ampelkoalition zurück. Die erste Frage, die er sich stellt: Welche Eigenschaften bringen die Partner mit, über die man nicht hinweggehen kann? Und gibt es Überschneidungen – mit der Gefahr von unschöner Dominanz? Spinat und rote Beete haben ein erdiges Aroma, »wie wenn Regen nach einem heißen Tag auf trockene Erde fällt«. Verantwortlich dafür ist der Aromastoff Geosmin. Damit er nicht ins Muffige kippt und das zarte Ei vollends unter sich begräbt, muss sich zumindest einer der beiden zurücknehmen und sich auf seine anderen Stärken besinnen: die Beete auf ihre Süße, der Spinat auf seine Säure –

»und das Ei holt sich durch Anbraten und zusätzliche Gewürze einen unterstützenden Kick«.

Gerade in der Spitzengastronomie spielen Aromen eine wichtige Rolle. Haben Köche früher eher Lebensmittel gepaart, die ähnlich sind (Foodpairing), geht es heute mehr darum, Grenzen zu überwinden (Foodcompleting). Vilgis lässt eine Gurke über einen Hobel gleiten: »Im Sommer serviert man sie gerne zusammen mit Wassermelone, Borretsch und zermahlenen Leinsamen als Salat – chemisch betrachtet kommen alle Aromen aus einem ähnlichen Spektrum und schmecken irgendwie gurkigfischig.« Harmonie pur und ziemlich langweilig. Spannender wird das Ganze allein durch eine Prise Zimt. Oder Vanille – wobei Vilgis dann eher zur Honigmelone greifen würde.

Bei der derzeitigen Diskussion, wer als Gewinner und wer als Verlierer aus den Koalitionsverhandlungen hervorgehen wird, muss Vilgis schmunzeln. Über Jahre und Jahrzehnte wurde sie auch in der Gastronomie geführt, mit eindeutigem Tenor. Der Hauptspieler auf dem Teller ist Fleisch, Gemüse und Getreide landen ohne eigenes Profil als Nebenspieler am Rand daneben. »Davon ist man weg – das Fleisch reiht sich ein und geht mit den anderen Partnern eine Koalition auf Augenhöhe ein. Alles andere gilt als unmodern, ja antiquiert.«

Wer die Ampelkoalition nachkochen will, brät die frischen Spinatblätter in nicht raffiniertem Kokosöl an, »dessen Lactone schreien nach Süße« und bereiten der Beete ihren Auftritt. Die Beete nur schälen und raspeln, mit Kumin abschmecken, Öl dazu, ein bisschen Salz und ein bisschen Zitrone – als Gruß an die Oxalsäure des Spinats. Das Ei verkleppern, als Omelette anbraten, »gibt schön Röstaromen«, dazu ein Hauch von Chili und Fenchelsaat. »Danach muss man sich nur noch überlegen«, so Vilgis, »was man dazu trinken möchte, um die Koalition gebührend zu feiern.«

Sollte nichts daraus werden und überraschenderweise doch Jamaika zum Zug kommen, rät der Aromapapst zu Pasta, Sepia und Grünkohl. In der Kulinarik hat auch diese Koalition ihren Reiz.

... eine Große Koalition wird eigentlich nur in Krisenzeiten (Krieg, nationaler Notstand, dringend erforderliche Reformen) gebildet ...

Unter Sabine Harks Namen im E-Mail-Footer steht *No Pronoun*. Das bedeutet: kein sie/ihr, kein er/sein, keine binären Personal- oder Possessivpronomen, die direkt oder indirekt auf das angeblich biologische Geschlecht verweisen. Menschen haben einen Namen, und gut ist. Hark zählt zu den bekanntesten Soziolog*innen in Deutschland und leitet an der Technischen Universität Berlin das Zentrum für Interdisziplinäre Frauen- und Geschlechterforschung (ZIFG), das laut Homepage »Vergeschlechtlichungen und Vergeschlechtlichungsprozesse in allen Wirklichkeiten untersucht und versucht, die aktiven Konstrukt_eusen von Geschlecht auf frischer Tat zu ertappen«.

Ein Thema, das Hark im Grunde schon seit drei Jahrzehnten beackert: Wie können soziale Gruppen eine Koalition bilden, um miteinander »eine neue Welt zu wagen«? Was bringt sie zusammen, was hält sie zusammen und wo lauern die Gefahren, dass so ein Bündnis nach einem erfolgreichen Start doch wieder zerbricht und sich die Verbündeten von einst gegenseitig zermalmen? Das Akronym LGBTTIQ* lässt Gemeinsamkeit und Solidarität innerhalb der queeren Community vermuten – und doch scheint »der Vorrat an Gemeinsamkeit inzwischen ziemlich aufgebraucht zu sein, die Quelle von Solidarität zu versiegen«, so Hark, »auch weil eine ›gemeinsame, von Identität unabhängige Sprache der Emanzipation‹ – der Ausdruck stammt von Hito Steyerl – in weite Ferne gerückt ist.«

Hark erinnert an die Nacht vom 27. auf den 28. Juni 1969, »ein Wendepunkt im lesbischen, schwulen und trans* Aktivismus«. Damals widersetzten sich die Gäste des Stonewall Inn, einer Bar im New Yorker Stadtteil Greenwich Village, zum ersten Mal einer Polizeirazzia. Flaschen und Steine flogen. Straßensperren wurden errichtet. Aus dem Krawall formierte sich Protest, der über mehrere Tage und Nächte andauerte. Es war die Zeit, in der Homosexualität noch als psychische Störung gesehen wurde – und »die Queers signalisierten, dass sie sich nicht länger

am Katzentisch der heterosexuellen Mehrheitsgesellschaft zufriedengeben würden, dass sie nicht länger bereit waren, ein Leben im Verborgenen zu führen«.

Seitdem gab und gibt es immer wieder Versuche des Aufbruchs und des Aufbrechens, des Anfangs und des Anfangens, der Zertrümmerung und des Neuaufbauens. Und doch spürt man förmlich, wie Hark um eine neue Perspektive, einen neuen Zugang ringt. Welche Ressourcen, welche Kompetenzen, welche klugen Strategien des Verbündetseins braucht es im 21. Jahrhundert, um solidarische, inklusive, selbstbewusste und vor allem nachhaltige Koalitionen, auch über die queere Community hinaus, gestalten zu können? Welche Bilder, welches Ethos, welches Narrativ?

An Lindner, Scholz, Baerbock und Habeck lassen sich die Mechanismen einer Koalitionsfindung erkennen. Ländereien werden vermessen, Grenzen abgesteckt, Schneisen geschlagen, Brücken gebaut, nach Erzählungen wird gesucht – auch um die jeweils eigene Basis hinter sich zu scharen. Vor allem Habeck spricht von einer »Hoffnungszeit« für seine Partei und einer »politischen Wende, die zum Greifen nahe ist«. Für Hark sind solche Narrative für Koalitionen zentral. Doch für mehr Nachhall müssen sich die Koalierenden bewusst werden, von welcher Position aus sie auf die Welt blicken. Was sehe ich von meinem Standpunkt aus, was, wenn ich ihn wechsle? Welche Geschichten haben die anderen zu erzählen, und bin ich bereit, darüber nachzudenken, »wie deine und meine Version ganz im Sinne des indischen Literaturlehrenden Satya Mohanty miteinander verhandelt werden können – mitsamt all ihrer gelebten und imaginierten Differenzen, wie sie ineinander verwoben und hierarchisch organisiert sind«?

Die Bereitschaft ist durchaus da, so Hark, das Bedürfnis vorhanden. In Lehrveranstaltungen trifft Hark auf Studierende aus den unterschiedlichsten Studiengängen – von Biotechnologie über Informatik bis Wirtschaftsmanagement –, die suchen und finden wollen: Wie können Grenzen überwunden und neue »Koalitionen des Überlebens« eingegangen werden? Zwischen Menschen, die nicht gleichgesinnt, sondern

auf den ersten, zweiten und vielleicht auch dritten Blick anders sind – und doch genauso wie man selbst daran orientiert, »ein gutes Leben für uns alle zu realisieren«. Ähnliches auf der diesjährigen Architekturbiennale in Venedig unter der Fragestellung »How we will live together?«. Hark: »Es ist beeindruckend zu sehen, an wie vielen Orten der Welt Menschen an dieser Frage arbeiten und dann auf ganz unterschiedliche Art und Weise Häuser, Dörfer, Städte und Metropolen so gestalten, dass darin ein Unterkommen für die Verschiedenen möglich ist.«

Ein Lichtblick in einer Welt, in der »die Erfahrung, mit anderen in Gemeinschaft zu leben, immer mehr verblasst und das Recht auf Gemeinschaft zunehmend ausfranst«. Hark spricht über die zunehmende Zahl an Menschen, die aus ihrer Stadtgesellschaft fallen, weil sie sich das Leben darin nicht mehr leisten können; oder sich weltweit auf der Flucht und in Haft befinden. Irgendwo in den Wäldern zwischen Belarus und Polen oder prekären Lagern auf griechischen Inseln, an der amerikanisch-mexikanischen Grenze, in der Wüste Libyens. Abgeschoben in ein »Leben in Subalternität und Überflüssigkeit, Prekarität und Unhörbarkeit – der Klimawandel wird die Situation noch verschärfen«.

Man könnte die Hoffnung verlieren – doch Hark hält daran fest: Miteinander »eine neue Welt wagen« ist zu schaffen. Weil sich trotz aller Tendenzen der Abschottung, Abgrenzung, »Insularisierung« immer mehr Menschen jenseits der zementierten Strukturen bereits auf den Weg gemacht haben und dabei sind, eine Große Koalition, eine *Gemeinschaft der Ungewählten*[2] zu bilden. Vielleicht hat der Kitt, der sie miteinander verbindet, diesmal das Potenzial, nicht wieder brüchig zu werden. Er basiert auf der Erkenntnis, »dass Menschen im Plural die Erde bewohnen – und allen das gleiche Recht zukommt, in der Welt zu gedeihen. Das bedeutet: Jeder muss lernen, die Welt zu teilen und in Gesellschaft aller Menschen zu leben – oder wir (über)leben nicht.«

... je mehr Parteien eine Koalition bilden,
desto anfälliger dürften Koalitionen sein ...

Während wir gespannt den Verlauf der aktuellen Verhandlungen zwischen Scholz, Baerbock, Habeck und Lindner verfolgen, laufen wir Gefahr, unsere eigene Koalition aus dem Blick zu verlieren – eingegangen in Sekunde eins unseres Lebens.

Thomas Bosch ist Zell- und Entwicklungsbiologe und leitet den Sonderforschungsbereich »Metaorganismus« der Christian-Albrechts-Universität zu Kiel. Seit Jahren geht er der Frage nach, in welchem Maß der Mensch auf den Austausch mit anderen angewiesen ist. Mit »anderen« meint er nicht unbedingt Menschen. Sondern vor allem Mikroorganismen, die unseren Körper besiedeln und »äußerst wichtig sind – für unsere Gesundheit, unsere Identität«.

Lange Zeit hat sich die Forschung auf Krankheitserreger und deren Bekämpfung fokussiert. Bakterien, Viren und Pilze galten gemeinhin als schädlich, Verursacher von Infekten wie Masern, Mumps, Tuberkulose. Doch durch den Einsatz neuer Technologien (DNA-Sequenzierung, 3-D-Visualisierung) hat sich diese Sichtweise radikal gedreht. Bosch erinnert sich noch, wie überrascht sein Team und er waren, als sie 2005 bei ihrem Modellorganismus, einem Nesseltier der Gattung *Hydra vulgaris*, mindestens genauso viele Mikroben entdeckten wie tierische Zellen. Zuerst dachten sie, »ein Irrtum, die Folge einer Verunreinigung«. Heute gehen Forscher weltweit davon aus, dass jedes Lebewesen eine multiorganismische Koalition ist. Und das Immunsystem weniger dazu dient, gefährliche Eindringlinge unschädlich zu machen, als die vielfältigen, zwischenartlichen Interaktionen in und auf und um unseren Körper herum zu orchestrieren. »Ein erwachsener Mensch setzt sich beispielsweise aus rund 30 Billionen Körperzellen zusammen«, so Bosch. »Hinzu kommen mehr als 39 Billionen Bakterienzellen, die Anzahl von Viren ist noch größer.« Zusammen bilden sie ein stabiles Mikrobiom, das sich über alle Oberflächen unseres Körpers erstreckt: Haut, Mundhöhle, Atemwege, Lunge, Blase, Geschlechtsorgane, Darm.

Auch wenn wir sie mit bloßem Auge nicht sehen können, sie sind da, unterstützen uns, steuern uns, bestimmen mit.

Bosch erzählt von Experimenten mit Labormäusen. »Sie können künstlich keimfrei gemacht werden, indem man die Tiere per Kaiserschnitt zur Welt bringt und in einer sterilen Umgebung aufwachsen lässt.« Sie sind durchaus munter, pflanzen sich auch fort. Aber sie weisen laut Bosch »jede Menge Unterschiede, Defekte auf«. Nicht nur was ihre Gesundheit angeht, sondern auch ihr Verhalten. So sind keimfreie Mäuse wesentlich weniger kontaktfreudig als Kontrolltiere. »Während Mäuse mit ›normalem‹ Mikrobiom miteinander spielen, ziehen sich keimfreie Mäuse eher zurück und beschäftigen sich mit sich selbst. Gibt man sie dann in einen Käfig, in dem Mäuse mit ›normalem‹ Mikrobiom waren, und sie fressen deren Kot mitsamt Bakterien, so verlieren sie ihre Ängstlichkeit und werden geselliger.« Dieser Vorgang ist sogar reversibel, gibt man den nicht mehr ängstlichen Mäusen ihr einstiges Mikrobiom zurück, durch Transplantation, so verkriechen sie sich wieder in ihren Ecken.

Normal ist bei diesem Thema so eine Sache. Niemand kann sagen, wie ein perfektes Mikrobiom auszusehen hat. »Vermutlich gibt es das auch nicht«, so Bosch, »das Mikrobiom eines Menschen ist so individuell wie dessen Fingerabdruck.«

Bosch weiß, dass seine Ausführungen Irritation auslösen. Während in den Drogeriemärkten die Regale mit den fungiziden, antibakteriellen und antiviralen Sprays, Spülungen und Lotionen gefühlt immer voller werden – nicht erst seit Corona –, sollen wir uns mit dem Gedanken anfreunden, dass uns eine Heerschar an Bakterien, Viren, Pilzen und sonstigen Mikroben durchs Leben begleitet. Diese winzigen Lebewesen unterhalten eine enge zelluläre und molekulare Verbindung zu unseren Organen, nebst Gehirn. Und der Mensch ist nur als komplexe Koalition zu verstehen – als Metaorganismus, als Holobiont oder hinsichtlich Richard David Prechts Buchtitel: *Wer bin ich – und wenn ja, wie viele?*

Bosch lacht. Mit Precht hat er noch nicht philosophiert. Dafür mit anderen Geisteswissenschaftlern. »Dass sich die Bereiche des Mensch-

lichen und Nicht-Menschlichen nicht mehr klar definieren lassen, wo fängt der Mensch an, wo hört der Mensch auf, bedeutet nicht nur einen Umbruch für die Biowissenschaften«, so Bosch. Die Erkenntnis wirft noch ganz andere Fragen auf: Ist die scharfe Trennung zwischen Kultur(wissenschaften) und Natur(wissenschaften) zeitgemäß? Können wir als Mensch noch von »Ich« sprechen oder wäre ein »Wir« nicht passender? Und wie sieht es mit der Debatte »Nature or Nurture« – angeboren oder erlernt – aus?

Auch wenn

- … Forscher inzwischen in der Lage sind, mithilfe von bioinformatischen Methoden Mikroorganismen eindeutig zu identifizieren – allein im menschlichen Darm gibt es 1000 verschiedene Bakterienarten.
- … kaum noch Zweifel daran bestehen, dass zumindest die Zunahme von Typ-1-Diabetes, chronisch-entzündlichen Darmerkrankungen und Allergien in direkter Verbindung steht mit der zunehmenden Verödung des menschlichen Mikrobioms – Bosch zählt als Gründe ballaststoffarme Ernährung, Stress, Kaiserschnittgeburten, Antibiotika und viel zu viel Hygiene auf.
- … es nicht auszuschließen ist, dass zunehmende Vereinsamung und Singledasein auch deswegen krank machen, weil ein reger Austausch der Mikroben von Mensch zu Mensch fehlt.
- … einiges darauf hinweist, dass Produkte mit angeblich gesunden Milchsäure- und Bifidobakterien durchaus auch schädlich sein können, »im schlimmsten Fall bringen die zugeführten Bakterien unsere hochorganisierte Koalition durcheinander«.

So läuft vieles im Verborgenen ab: Wie funktioniert die Kommunikation zwischen Mikrobiom und Wirt genau? In welcher Form werden Signale von der Außenwelt zuerst durch die Mikroben auf unseren (Schleim-)Häuten gefiltert, bevor sie die Rezeptoren unserer Zellwände erreichen und dann über Nervenstränge ans Gehirn weitergeleitet wer-

den? Spielt unser Nervensystem die Rolle eines Platzanweisers, der den unterschiedlichen Bakterien, Viren und Pilzen sagt, wer sich wo tummeln darf? Wer setzt sich über wen hinweg, wer ordnet sich wem unter, in welchen Belangen zieht man an einem Strang? Bosch: »Vom *Who is there?* müssen wir zum *Who is doing what?* kommen.«

Irgendwie tröstlich: Ob das Mikrobiom mit dem Menschen stirbt, ist nicht geklärt. »Wir gehen aber davon aus«, so Bosch, »dass zumindest ein Teil des Mikrobioms nach dem Tod seines Wirts auf andere Lebewesen übersiedelt, den Lebenspartner, das Haustier, und dann mit dessen Zellen und Mikroben eine neue Koalition eingeht.« Asche zu Asche, Staub zu Staub, Mikroben zu Mikroben.

Bosch schweift ab. Erzählt von dem »komplizierten Biofilm aus Bakterien, Viren und Archaeen«, der die Erde 3,5 Milliarden Jahre besiedelt hat, bevor sich »in ihm dann irgendwann das erste multizelluläre Leben entwickelte. Diese enge Abhängigkeit, diese symbiotische Verbindung über angebliche Grenzen hinweg hat nie aufgehört, zu sein.«

Bleibt die Frage, wie aus Sicht eines Zell- und Entwicklungsbiologen eine Koalition verhindern kann, dass sie vorzeitig in ihre Einzelteile zerfällt? Folgt man Boschs Ausführungen, gibt es darauf eigentlich nur eine abschließende Antwort: »Indem sie sich als lebendiges System versteht aus multiplen Koalitionspartnern, die gemeinsam, aber auch unabhängig voneinander in der Lage sein müssen, Signale aus Nachbarschaften nicht nur wahrzunehmen, sondern sie auch im Zusammenhang korrekt zu interpretieren und für das erfolgreiche Überleben und die eigene Fitness zu nutzen.« Jeder schaut auf sich und den anderen gleichermaßen.

Anmerkungen

1 Alle kursiv gesetzten Beschreibungen aus: Uwe Andersen; Wichard Woyke (Hrsg.): *Handwörterbuch des politischen Systems der Bundesrepublik Deutschland*. Heidelberg 2013.

2 Sabine Hark: *Gemeinschaft der Ungewählten. Umrisse eines Politischen Ethos der Kohabitation.* Berlin 2021.

INTERMEZZO

WANN SIND SIE EINMAL EINE UNGEWÖHNLICHE KOALITION EINGEGANGEN?

Johann Hinrich Claussen

Wenn ich auf mein bisheriges Leben zurückblicke, erscheinen mir alle bedeutungsvollen Verbindungen als irgendwie ungewöhnlich, nicht selbstverständlich, erklärungsbedürftig, nicht vollständig erklärungsfähig. Dass ich mit diesen Geschwistern, Cousinen und Cousins von Beginn an fest verbunden bin. Dass ich diese Toten nicht vergesse. Dass ich diese und jene Freundschaft eingegangen bin und bis heute aufrechterhalten, viele andere aber auf dem Weg verloren habe. Dass ich ausgerechnet mit dieser Frau zusammengekommen bin und mit ihr, und mit keiner anderen, eine Familie gegründet habe. Dass wir genau diese Kinder bekommen haben und diese sich zu diesen Individuen, die sie heute sind, entwickelt haben. Mir erscheint das alles, wenn ich es recht betrachte, als höchst ungewöhnlich. Dass mein Beruf mich, mal kürzer – mal länger, mit all diesen vielen, unterschiedlichen Menschen, ihren Lebensgeschichten, Begabungen und Bedürfnissen verknüpft hat. Manches davon kann ich mir deutend zurechtlegen, doch bleibt in all den bedeutungsvollen Verbindungen meiner Existenz ein Rest des Unerklärbaren.

Dabei wirkt mein Leben, von außen betrachtet, keineswegs ungewöhnlich, sondern generations- und milieutypisch. Viele Verbindungen, die zum Beispiel unsere Kinder inzwischen eingegangen sind, haben sich für mich nicht ergeben. Als unnormal, fast schon exzentrisch hat meine Umwelt allein die Wahl meines Studienfachs und dann meines Berufs empfunden. Ungezählte Male wurde und wird mir immer noch die Frage gestellt, warum ich ausgerechnet evangelische Theologie studiert habe und dann Pastor geworden bin. Als befremdlich erscheint dies vielen. Natürlich habe ich mir irgendwann eine Antwort zurechtgelegt, die ich bei solchen, mehr oder weniger passenden Gelegenheiten hervorhole. Aber die Frage, warum ich mich ausgerechnet mit der »Sache mit Gott« verbunden habe, ist für mich immer noch eine offene und wird dies wahrscheinlich bis zum Ende bleiben.

Die Verbindungen, die wir in unserem Leben eingehen, sind immer auch zufällig. Wir wählen sie weniger, als dass sie uns geschehen. Wir sind nicht die Organisationsentwickler unserer Existenz. Aber wenn wir diese Verbindungen dankbar annehmen, ihre Kostbarkeit und Einmaligkeit anerkennen, sie pflegen, sie genießen, sie zu unserer höchsteigenen Angelegenheit machen, dann kann sich das Gefühl einstellen, dass sich in ihnen der Sinn unseres Lebens erfüllt. Die theologische Tradition hat dafür das dogmatische Lehrstück der Vorsehung entwickelt. Aber es hat längst an Plausibilität verloren. Bemerkenswert jedoch ist, dass dennoch viele Menschen, unter anderem ich selbst, wenn sie auf ihr Leben und die Menschen, mit denen es verbunden ist, schauen, sagen würden: »Es hat sich gefügt.«

Die Autoren und Autorinnen

Kerstin Behnke, geb. 1969, ist Dirigentin und Professorin für Chor und Ensembleleitung an der HfM FRANZ LISZT Weimar sowie künstlerische Leiterin des via-nova-chors München.

Johann Hinrich Claussen, geb. 1964, ist Beauftragter vom Rat der Evangelischen Kirche für Kultur in Deutschland und Leiter des Kulturbüros der EKD in Berlin. Zuletzt erschien *Für sich sein: Ein Atlas der Einsamkeiten* (gemeinsam mit U. Lilie).

Martin Delius, geb. 1984, war Vorsitzender der Berliner Piratenfraktion und des Untersuchungsausschusses zum Bau des BER. Seit 2020 ist er Referent für Digitalisierung in der Berliner Senatsverwaltung für Kultur und Europa.

Nicole Diekmann, geb. 1978, ist Korrespondentin im ZDF-Hauptstadtstudio und Kolumnistin bei t-online. Zuletzt erschien *Die Shitstorm-Republik. Wie Hass im Netz entsteht und was wir dagegen tun können.*

Peter Felixberger, geb. 1960, ist Herausgeber des *Kursbuchs* und Programmgeschäftsführer der Murmann Publishers. Seine Bücher erschienen bei Hanser, Campus, Passagen und Murmann. Dort auch sein wichtigstes: *Wie gerecht ist die Gerechtigkeit?*

Berit Glanz, geb. 1982, lebt als Autorin und Literaturwissenschaftlerin in Island. Zuletzt erschien ihr Roman *Pixeltänzer.*

Mathias Grote, geb. 1978, forscht als Biologe und Wissenschaftshistoriker zu Epistemologie und Geschichte der modernen Lebenswissen-

schaften sowie zu Buchgeschichte. Zuletzt erschien *Membranes to Molecular Machines. Active Matter and the Remaking of Life*.

Alfred Hackensberger, geb. 1959, ist Journalist und Autor. Er lebt in Tanger und arbeitet unter anderem als Korrespondent für die *Welt*. Zuletzt erschien *Letzte Tage in Beirut*.

Heike Littger, geb. 1969, ist freie Journalistin, Autorin und Buchlektorin. Zuvor Redakteurin und Ressortleiterin bei der *Süddeutschen Zeitung*, *Max*, *enorm* und dem Online-Magazin *changeX*.

Konstanze Marx, geb. 1976, ist Professorin für Germanistische Sprachwissenschaft an der Universität Greifswald. Zuletzt erschien *Internetlinguistik. Ein Lehr- und Arbeitsbuch* (gemeinsam mit Georg Weidacher).

Marie-Luise Menzel, geb. 1987, ist Astrophysikerin und Spezialistin für Data Mining, Datenanalyse und KI-basierte IT-Projekte. Seit 2021 ist sie Business Director bei der IT-Beratung Lufthansa Industry Solutions.

Armin Nassehi, geb. 1960, ist Soziologieprofessor an der Ludwig-Maximilians-Universität München und Herausgeber des *Kursbuchs*. Zuletzt erschien *Unbehagen. Theorie der überforderten Gesellschaft*.

Viola Priesemann, geb. 1982, ist Physikerin am Max-Planck-Institut für Dynamik und Selbstorganisation in Göttingen und forscht zu Ausbreitungsprozessen, COVID-19 und neuronalen Netzen.

Andreas Reckwitz, geb. 1970, ist Professor für Allgemeine Soziologie und Kultursoziologie an der Humboldt-Universität zu Berlin. Zuletzt erschien *Spätmoderne in der Krise. Was leistet die Gesellschaftstheorie?* (gemeinsam mit Hartmut Rosa).

Julia Reuschenbach, geb. 1988, ist Lehrbeauftragte und Doktorandin am Institut für Politische Wissenschaft und Soziologie der Universität Bonn. Zuletzt erschien *Wem nutzt die Politikwissenschaft? Sonderheft der Zeitschrift Politikum* (gemeinsam mit Peter Massing).

Wolfgang Schmidbauer, geb. 1941, arbeitet als Lehranalytiker, Paartherapeut und Autor in München. Er veröffentlichte über 40 Bücher, darunter Best- und Longseller. Zuletzt erschien *Kaltes Denken. Warmes Denken. Über den Gegensatz von Macht und Empathie.*

Jan Schwochow, geb. 1968, ist freier Infografiker, Journalist und Publizist. Sein Handwerk lernte er bei den Magazinen *stern* und *Max* sowie der Berliner Agentur KircherBurkhardt. Bis 2019 Gründer und Leiter der Agentur Golden Section Graphics in Berlin (heute Sapera). Zuletzt erschien *Die Welt verstehen mit 264 Infografiken.*

Jasmin Siri, geb. 1980, ist Soziologin und wissenschaftliche Mitarbeiterin am Institut für Soziologie der Ludwig-Maximilians-Universität München. Zuletzt erschien *Kampfzone Gender. Über die Politisierung wissenschaftlicher Expertise.*

Georg von Wallwitz, geb. 1968, lebt als selbständiger Fondsmanager, Mitarbeiter einer Vermögensverwaltung und Buchautor in München. Zuletzt erschien *Die große Inflation. Als Deutschland wirklich pleite war.*